Les adjectifs de couleur

bleu(e)		marron	
rouge		violet(te)	
jaune		beige	
vert(e)		brun(e)	
rose		noir(e)	
orange		blanc(he)	

Les jours de la semaine

lundi
mardi
mercredi
jeudi
vendredi
samedi
dimanche

Les saisons	Les mois de l'année
l'hiver	janvier
	février
	mars
le printemps	avril
	mai
	juin
l'été	juillet
	août
	septembre
l'automne	octobre
	novembre
	décembre

Ça va ?

Ise Akira / Taniguchi Chikako

SOBI-SHUPPANSHA

まえがき

　フランス語の世界にようこそ！　このテキストは，初めてフランス語を学ぶ人たちのために作られています．「聞く」「話す」「読む」「書く」のすべての能力を使って，無理なく確実に基本的な事項を身につけられるように工夫されていますから，１年間学習すれば，フランス語で基本的なコミュニケーションがとれるようになります．

　「フランス語圏を旅行したい」，「フランス人と話ができるようになりたい」など，みなさん一人一人の目的に向かって，これから一緒にフランス語の勉強を始めましょう．

　この教科書で最高の学習効果をあげるために，以下のことを守りましょう．

1.　積極的に学習する．
　　主役はフランス語を習得したいというあなた自身です．授業には積極的に出席し，声を出し，手を動かしましょう．また予習・復習の指示には従いましょう．
2.　授業には必ず仏和辞典を持ってくる．
　　授業中に辞書の引き方も勉強します．
3.　わからないことがあれば，教師あるいは周囲の人に質問する．
　　わからないことは決して恥ずかしいことではありません．遠慮せずどんどん質問しましょう．
4.　ノートは自分の言葉でまとめる．
　　黒板に書かれたものを写すことがノートをとることではありません．あなたがあとで見直してわかるようにまとめることが大切です．
5.　宿題は必ずする．
　　授業だけでは時間が足りません．自宅で自分のペースで勉強しましょう．

　フランス語の学習をとおして，一人でも多くの人がより広い世界を体験できるよう祈っています．

著者

目　次

表紙・本文イラスト
滝田　梨羅

録音箇所：ＣＤナンバー ① (頭出し番号) のある箇所
声　　　：レナ・ジュンタ
　　　　　エストレリータ・ワッセルマン
　　　　　エリック・ヴィエル
スタジオ：ユニバーサル　スタジオ
ＣＤ制作：高速録音株式会社

Ça va ?

Leçon 0　挨拶表現，0 ～ 10 までの数

Bonjour, monsieur. Vous allez bien ?

さあ，フランス語の勉強を始めましょう！簡単な挨拶表現を使ってまわりの人たちとフランス語で会話してみましょう．また，0 ～ 10 までの数を覚えましょう．

② Exemples

1. A : Bonjour, monsieur. Vous allez bien ?　　こんにちは，お元気ですか？
    B : Je vais bien, merci. Et vous ?　　元気ですよ．ありがとう．あなたは？

2. A : Bonsoir, Anne. Comment vas-tu ?　　こんばんは，アンヌ．元気？
    B : Très bien, merci. Et toi ?　　元気よ，ありがとう．あなたは？

3. A : Salut, Jacques. Ça va ?　　やあ，ジャック．元気？
    B : Ça va. Et toi ?　　元気だよ．あなたは？

4. A : Salut, Marie.　　バイバイ，マリー．
    B : Au revoir. Bonne journée.　　さようなら．よい1日を．

5. A : Au revoir, madame.　　さようなら．
    B : Au revoir, mademoiselle. À demain.　　さようなら．また明日．

③ Boîte à outils

出会いの挨拶

	誰にでも	親しい間柄	親しくない間柄
おはよう こんにちは	Bonjour	Salut	Bonjour, monsieur madame
こんばんは	Bonsoir		Bonsoir, mademoiselle
元気ですか？		Comment vas-tu ? Tu vas bien ? Ça va ?	Comment allez-vous ? Vous allez bien ?
元気です	Très bien, merci Je vais bien, merci	Ça va	
あなたは？		Et toi ?	Et vous ?

④ 別れの挨拶

	誰にでも	親しい間柄	親しくない間柄
さようなら	Au revoir	Salut	Au revoir, monsieur madame mademoiselle
良い1日を 良い夜を 良い週末を また明日	Bonne journée Bonne soirée Bon week-end À demain		

Ecoutez et répétez

1. 出会いの挨拶，別れの挨拶の表現を発音してみましょう．

2. 例文の意味を確認し，繰り返し声に出して練習しましょう．

Exercices

1. 左の語と同じものを素早く見つけて丸で囲みましょう．

2. できるだけ素早く書いてみましょう.

bonjour ....

très ....

mademoiselle ....

journée ....

vais ....

3. 自然な会話になるように,（　）内に適当な表現を補いましょう. 文字を書き込まず, 声に出して答えましょう. 答えはひとつとは限りません.

1. （　　　　　　） madame. （　　　　　　）?　　— Je vais bien, merci. （　　　　　　）?

2. （　　　　　　） Michel. （　　　　　　）?　　— Très bien, merci. （　　　　　　）?

3. （　　　　　　） Pierre. À demain.　　　　— （　　　　　　） Paul. （　　　　　　）.

4. 絵を見てせりふを考えましょう. 絵の登場人物になったつもりでやりとりしてください.

5. 今日学習した表現を使って, 周りの人とやりとりしてみましょう.

0 zéro

1 un   **2** deux   **3** trois   **4** quatre   **5** cinq

6 six   **7** sept   **8** huit   **9** neuf   **10** dix

⑥ **Devoirs**

次回までに CD を何度も聞いて以下の文を暗記してきましょう. 意味を確認し, 書けるようにしておくこと. 次回の授業で小テストがあります.

1. Bonjour, monsieur. Comment allez-vous ?

2. Je vais bien merci. Et vous ?

3. Bonsoir, Anne. Ça va ? —Ça va. Et toi ?

4. Au revoir, madame. Bonne journée.

5. Salut, Paul. Bon week-end !

フランス語

　フランス語はイタリア語やスペイン語, ポルトガル語などと同じ, インド・ヨーロッパ語族のイタリック語派に属する言語です. イタリック語派の言語は, 話し言葉のラテン語（俗ラテン語）がそれぞれの地域ごとに進化したものですから, 文法や語彙に似通った点が多くあります.

　現代のフランス語はフランスだけでなく, ベルギー, ルクセンブルク, スイス, モナコ, カナダのケベック州や北アフリカ, 西アフリカの国々で公用語または準公用語として用いられています. また国連をはじめとして, 欧州連合, アフリカ連合, 経済協力開発機構, ユネスコや国際オリンピック委員会など, 国際機関における公用語のひとつとしても採用されています.

　国際フランコフォニー機構の2019年の報告書によれば, フランス語は約 2 億3500万人が常時, 6500万人が随時使用する, 世界で 5 番目に多く話されている言語です. さらに世界のフランス語学習者は1億3000 万人余りと言われています.

　歴史的に見ても, フランス語は長らくヨーロッパの政治の場や上流階級の人々, 知識人たちの間での共通語でした. 英語が世界の中心言語になろうとする勢いはつい最近始まったことでしかないのです.

Leçon 1　名詞の性・数（1）

Un café, s'il vous plaît.

> フランス語の名詞にはすべて性別があります．「コーヒー」や「クロワッサン」という語は男性名詞，「ビール」や「りんご」という語は女性名詞の仲間です．

⑦ **Exemples**

1. *A :* Bonjour.　　　　　　　　　　　　　　　　　　こんにちは．

　　B : Bonjour. Un café, s'il vous plaît.　　　　　コーヒーをください．

　　A : Voilà.　　　　　　　　　　　　　　　　　　　どうぞ．

　　　　. . . . .

　　B : C'est combien ?　　　　　　　　　　　　　　おいくらですか？

　　A : 2 euros, s'il vous plaît.　　　　　　　　　　2 ユーロです．

　　B : Merci, au revoir.　　　　　　　　　　　　　ありがとう．さようなら．

　　A : Merci, monsieur. Au revoir. Bonne journée.　ありがとうございました．さようなら，良い一日を．

⑧ **2.** *A :* Bonjour. Deux croissants et une baguette, s'il vous plaît.　　こんにちは．クロワッサン2個とバゲット1本ください．

　　B : Voilà. Et avec ça ?　　　　　　　　　　　　どうぞ．他には？

　　A : C'est tout. Ça fait combien ?　　　　　　　それだけです．おいくらになりますか？

　　B : 4 euros, s'il vous plaît.　　　　　　　　　　4ユーロです．

　　A : Merci, au revoir.　　　　　　　　　　　　　ありがとう．さようなら．

　　B : Merci beaucoup, madame. Bon week-end.　ありがとうございました．良い週末を．

Boîte à outils

Ⅰ．名詞の性

　フランス語ではすべての名詞に性があります．「父」は男性名詞，「母」は女性名詞というように，生物を表す名詞に性別があるのはもちろんのこと，「コーヒー」，「クロワッサン」，「ビール」，「りんご」など無生物の語にも性があります．

　上の例文の中で café や baguette とともに用いられている un，une はいずれも「1」を表す数詞です．男性名詞には un を女性名詞には une を使います．

次の単語を辞書で引いてみましょう．名詞の性は辞書のどの部分を見ればわかりますか？単語の意味を確認し，男性名詞には un を，女性名詞には une をつけましょう．表が完成したら，何度も繰り返し声に出して練習しましょう．

.... café	.... baguette	.... pomme
.... café au lait	.... croissant	.... poire
.... thé	.... pain au chocolat	.... orange
.... chocolat	.... brioche	.... melon
.... limonade	.... tarte aux pommes	.... kiwi
.... jus de pomme	.... gâteau au chocolat	.... citron
.... coca	.... éclair	.... concombre
.... eau minérale	.... millefeuille	.... tomate
.... bière	.... sandwich	.... carotte
.... vin rouge	.... pizza	.... laitue
.... vin blanc		

II．複数形

2以上の数に男女の区別はありません．名詞に s をつけて複数形にするだけです．複数形になっても音は変わりません．

繰り返し声に出して言ってみましょう．複数の s を発音しないように気をつけてください．

deux cafés   trois thés   quatre baguettes   cinq croissants

six tartes   sept sandwichs   huit pommes   neuf kiwis   dix tomates

Ecoutez et répétez

例文の意味を確認し，繰り返し声に出して練習しましょう．

Exercices

1. 左の語と同じものを素早く見つけて丸で囲みましょう．

voilà
vous
combien
c'est
avec

voici   voile   combien   tout   voilà   voix   c'est

avant   comment   voir   ça va   combien

vois   c'est   c'est   ce sont   avec

voulez   comment   vous   voilà

commande   comment   chacun   vous   ce sera

avec   commit   vous   vœu

comme   avez   vous   avec   ans   voilà   voût   nous   ça fait

avare   après

2. できるだけ素早く書いてみましょう.

s'il vous plaît ....

café ....

c'est ....

combien ....

euro ....

croissant ....

⑨ 3. やりとりを聞いて答えましょう.

	注文した（買った）もの	支払金額
1		
2		
3		

4. 2人以上のグループになって，自由にやりとりを作ってみましょう. 作文ができたら文字を見なくてもやりとりできるまで何度も繰り返し練習しましょう.

⑩ **Supplément** 11 ～ 20

11 onze　**12** douze　　**13** treize　　**14** quatorze　**15** quinze

16 seize　**17** dix-sept　**18** dix-huit　**19** dix-neuf　**20** vingt

⑪ **Devoirs**

次回までに CD を何度も聞いて以下の文を暗記してきましょう．意味を確認し，書けるようにしておくこと．次回の授業で小テストがあります．

1. Un café au lait et un croissant, s'il vous plaît.

2. Ça fait combien ? —Six euros, s'il vous plaît.

3. Et avec ça ? —C'est tout.

4. C'est combien ? —Huit euros. Merci. Bonne journée.

フランス

　国の正式名称はフランス共和国 (la République Française) です．国連の常任理事国，EU加盟国であり，通貨にはユーロを使用しています．フランスはヨーロッパ大陸にある本土以外に，5つの海外県（グアドループ (Guadeloupe, カリブ海)，マルティニーク (Martinique, カリブ海)，フランス領ギアナ(Guyane, 南米大陸北部)，レユニオン (Réunion, インド洋))，マヨット (Mayotte, インド洋))，5つの海外準県（サン・ピエール・エ・ミクロン (Saint-Pierre-et-Miquelon, 北大西洋)，ワリス・エ・フトゥナ (Wallis-et-Futuna, 南太平洋)，フランス領ポリネシア(Polynésie Française, 南太平洋)，サン・マルタン (Saint-Martin, カリブ海)，サン・バルテルミー (Saint-Barthélemy, カリブ海))，1つの特別共同体（ニューカレドニア (Nouvelle-Calédonie, 南太平洋))とその他の海外領土（南極大陸の一部や無人島）から成っています．

　本土にある100県と5つの海外県は，それぞれ1〜複数集まってひとつの地域圏を構成しています．現在フランスには18の地域圏があり，それぞれの地域が個性豊かな独自の文化を守り続けています．

　フランス本土の国土面積は約55万km²（日本の約1.5倍），人口約6540万人（日本の約半分，2021年推計），西ヨーロッパに位置し，北海，英仏海峡，大西洋，地中海に面し，ベルギー，ルクセンブルク，ドイツ，スイス，イタリア，モナコ，アンドラ，スペインと国境を接しています．

　フランスは日本文化に対する関心の高い国でもあります．元大統領ジャック・シラクは親日家として知られ，公私あわせて数十回も来日しています．スシやスリミ（カニかまぼこ），しょうゆはフランスでも手軽に手に入る食品ですし，日本のアニメやマンガ，映画の愛好家も少なくありません．また，柔道は日本をしのぐほどの強豪国です．

Leçon 2 動詞の活用，否定文

Je m'appelle Kenji.

フランス語の動詞は主語に合わせて形を変えます．この変化のことを「活用」と言います．

⑫ **Exemples**

1. *A:* Vous vous appelez comment ?　　　　　あなたのお名前は？
   B: Je m'appelle Kenji. Et vous ?　　　　　ケンジです．あなたは？

2. *A:* Vous habitez où ?　　　　　どこにお住まいですか？
   B: J'habite à Paris. Et vous ?　　　　　パリに住んでいます．あなたは？

3. *A:* Vous travaillez ?　　　　　働いていますか？
   B: Oui, je travaille à Osaka.　　　　　はい，大阪で働いています．

4. *A:* Vous parlez français ?　　　　　フランス語を話しますか？
   B: Oui, je parle français.　　　　　はい，話します．

5. *A:* Vous chantez bien ?　　　　　歌はお上手ですか？
   B: Non, je ne chante pas bien. Mais je danse　　　いいえ，歌は上手ではありません．でも
   bien.　　　　　ダンスは上手です．

Boîte à outils

Ⅰ．er 動詞の活用

　フランス語の動詞は原形のまま使うのではなく，主語に合わせて活用させなければなりません．原形が er で終わる er 動詞は規則的に活用します．

1. それぞれの主語の意味を辞書で調べ，(　　) に書き込みましょう．

er 動詞の活用			
(　　) je (j') ------ e		(　　) nous ------ ons	
(　　) tu ------ es		(　　) vous ------ ez	
(　　) il ------ e		(　　) ils ------ ent	
(　　) elle ------ e		(　　) elles ------ ent	

2. 動詞parlerで活用の規則を確認しましょう．他のer動詞も意味を調べ，規則どおりに活用させてみましょう．そのあと，各動詞の活用を何度も声に出して言ってみましょう．活用語尾の音に気をつけてください．

⑬

parler （話す）	
je parle	nous parlons
tu parles	vous parlez
il parle	ils parlent
elle parle	elles parlent

chanter （　　　　　）

....
....
....
....

⑭　　　　danser （　　　　　）

....
....
....
....

travailler （　　　　　）

....
....
....
....

⑮　　　　habiter （　　　　　）

*j'habite　　　　　...........................

tu habites　　　　...........................

....　...........................

....　...........................

s'appeler （～という名前である）	
je m'appelle	nous nous appelons
tu t'appelles	vous vous appelez
il s'appelle	ils s'appellent-
elle s'appelle	elles s'appellent

* 綴りの注意：h や母音始まりの動詞のとき，je は j' になります．

Ⅱ．否定文

否定文は，活用させた動詞をne（または n'）と pas ではさんで作ります．

1. 否定形の活用を声に出して何度も言ってみましょう．

⑯

parler	
je ne parle pas	nous ne parlons pas
tu ne parles pas	vous ne parlez pas
il ne parle pas	ils ne parlent pas
elle ne parle pas	elles ne parlent pas

s'appeler	
je ne m'appelle pas	nous ne nous appelons pas
tu ne t'appelles pas	vous ne vous appelez pas
il ne s'appelle pas	ils ne s'appellent pas
elle ne s'appelle pas	elles ne s'appellent pas

2. 次の動詞を否定形で活用させましょう. そのあと何度も声に出して言ってみましょう.

⑰　　　　　　　　chanter　　　　　　　　　　　　　　　　danser

....　　　　　.................... ....

....　　　　　.................... ....

....　　　　　.................... ....

....　　　　　.................... ....

⑱　　　　　　　　travailler　　　　　　　　　　　　　　　habiter

....　　　je *n' habite pas　....................

....　　　　　.................... ....

....　　　　　.................... ....

....　　　　　.................... ....

* 綴りの注意：h や母音始まりの動詞の活用では，ne は n' になります.

Ⅲ．言語

次の単語の意味を調べましょう.

français … フランス語	anglais ……………………	allemand ……………………
italien ……………………	espagnol ……………………	russe ……………………
japonais ……………………	chinois ……………………	coréen ……………………

⑲ **Ecoutez et répétez**

　例文の意味を確認し，繰り返し声に出して練習しましょう. 十分に練習できたら，今度は主語を tu に変えて練習しましょう.

1. Tu ……………………… comment ?　　　Je m'appelle Kenji. Et ……………………… ?

2. Tu ……………………… où ?　　　　　　J'habite à Paris. Et ……………………… ?

3. Tu ……………………… ?　　　　　　　Oui, je travaille à Osaka.

4. Tu ……………………… français ?　　　Oui, je parle français.

5. Tu ……………………… bien ?　　　　　Non, je ne chante pas bien. Mais je danse bien.

Exercices

1. 左の語と同じものを素早く見つけて丸で囲みましょう.

| appelle |
| parle |
| chantons |
| tu habites |
| français |

chantes   parle   **parle**   français   *il habite*   *France*

parlent   **parlez**   chante

chantons   appelez   chanson   chantons   *appelle*   **chantons**

appeler   appelles   chantons   française

chantions   tu habites

appelle   *franche*   parlons   *appellent*

tu habitais   *parle*   tu habites

tu habites   *tu hésites*   j'habite   **français**   appelle   parler

françaises   français   appel   francs   parles

parles

2. できるだけ素早く書いてみましょう.

j'habite ....

vous n'habitez pas ....

je m'appelle..

vous vous appelez ....

français ....

tu travailles ....

3. 例文を参考にして，それぞれの表現を作文しましょう.

	尋ね方	答え方
名前	Vous Tu	
住んでいるところ		
言語		Oui, Non,
仕事		Oui, Non,
歌		Oui, Non,
ダンス		Oui, Non,

treize 13

4. 上のパターンを使って，周りの人と現実に即してやりとりしてみましょう．文字を見なくても言えるようになるまで何度も声に出して練習しましょう．

⑳ 5. やりとりを聞いて答えましょう．言っていない項目もあります．

	名前	住んでいるところ	話せる言語	その他
1				
2				
3				
4				

㉑ **Supplément**　アルファベ

A B C D E F G H I J K L M N O P Q R S T U V W X Y Z

㉒
例にならってやりとりをしてみましょう．

A: Vous vous appelez comment ?　　　お名前は？

B: Je m'appelle Miho.　　　ミホです．

A: Miho, ça s'écrit comment ?　　　ミホってどう書くのですか？

B: Ça s'écrit M, I, H, O.　　　M, I, H, O と書きます．

㉓ **Devoirs**

　次回までに CD を何度も聞いて以下の文を暗記してきましょう．意味を確認し，書けるようにしておくこと．次回の授業で小テストがあります．

1. Vous vous appelez comment ? —Je m'appelle Anne. Et vous ?

2. Vous habitez où ? —J'habite à Paris.

3. Tu travailles ? —Oui, je travaille à Paris. Et toi ?

4. Je ne chante pas bien.

5. Je ne parle pas français.

パリの風景 （1）

ムーランルージュ

サクレ・クール寺院

凱旋門

エッフェル塔

オペラ・ガルニエ

ルーヴル美術館

ノートルダム大聖堂

Leçon 3 être，名詞の性・数（2）

Vous êtes français?

この課では重要動詞のひとつである être を使ってやりとりをしてみましょう．

㉔ **Exemples**

1. *A :* **Vous êtes français?**　　　　　　　　あなたはフランス人ですか？

   B : **Oui, je suis français.**　　　　　　　　はい，フランス人です．

   A : **Et vous? Vous êtes française?**　　　　あなたは？ あなたはフランス人ですか？

   C : **Non, je ne suis pas française. Je suis**　　いいえ，フランス人ではありません．
   anglaise.　　　　　　　　　　　　　　　イギリス人です．

2. *A :* **Qu'est-ce que vous faites?**　　　　　何をなさっていますか？

   B : **Je suis étudiant.**　　　　　　　　　学生です．

3. *A :* **Vous êtes étudiante?**　　　　　　　学生ですか？

   B : **Non, je ne suis pas étudiante. Je travaille.** いいえ，学生ではありません．働いています．

Boîte à outils

Ⅰ．être の活用

英語の be 動詞にあたるものです．Leçon 2 で学習した er 動詞と違って不規則に活用する動詞の
ひとつです．

㉕

être の活用				être の否定形	
je	suis	nous	sommes	....	....
tu	es	vous	êtes	....	....
il	est	ils	sont	....	....
elle	est	elles	sont	....	....

何度も声に出して活用を覚えましょう．また，être を否定形で活用させてみましょう．

Ⅱ．名詞の性・数（2）

Leçon 1 で学習したように，名詞には性・数があります．国籍や職業を表す語も，話題になっている人物の性・数に合わせて変化します．

1．空欄を埋めて表を完成させましょう．

国籍

意　味	単　数 男　性	単　数 女　性	複　数 男　性	複　数 女　性
フランス人	français	française	français	françaises
		anglaise		
	japonais			
		chinoise		
	américain		américains	
		allemande		
	espagnol			
	canadien	canadienne		
				italiennes
		coréenne		
	belge			
			russes	

職業

意　味	単　数 男　性	単　数 女　性	複　数 男　性	複　数 女　性
学生	étudiant	étudiante	étudiants	étudiantes
	avocat			
		employée		
	musicien	musicienne		
			informaticiens	
	chanteur	chanteuse		
		vendeuse		
			serveurs	
	cuisinier	cuisinière		
		sommelière		
	acteur	actrice		
	directeur			
			instituteurs	
	journaliste			
	secrétaire			
	fonctionnaire			
	professeur			
	médecin			

2．国籍や職業を表す語を声に出して言ってみましょう．音の変化の有無に気をつけてください．

例文の意味を確認し，繰り返し声に出して練習しましょう．話題になっている人物の性に気をつけてください．さらに主語を tu に変えて同じように練習しましょう

1. Tu .... français？ Oui, je suis français.

   Et .... ？ Tu .... française？

   Non, je ne suis pas française. Je suis anglaise.

2. Qu'est-ce que tu fais？ Je suis étudiant.

3. Tu .... étudiante？ Non, je ne suis pas étudiante. Je travaille.

Exercices

1. 左の語と同じものを素早く見つけて丸で囲みましょう.

étudiante   est   suis   suis   sommes   musiciennes   étudier
suis   étudiante   suis   acteur   acteurs   travaille   musiciens   musiciens
acteur   étudiant   suit   travaillez   travaillent   travaille   travaux
musiciens   travailles   êtes   travailler   musicien   suite
travaille   étudiante   musicien   étudiants   actrices   acteur   musicienne   musicien
suis   étudiantes   étudiante   actrices   acteur   musicienne   actrices   act   acteurs

2. できるだけ素早く書いてみましょう.

   je suis ....

   étudiant ....

   vous êtes ....

   qu'est-ce que ....

   vous faites ....

   tu fais ....

3. 下線部に文字を入れて文を完成させ，繰り返し練習しましょう.

   1. Tu e___ français？ Oui, je su_____ fran_____ .
      Et v_____ ？ V_____ _____ fran_____e？ Non, je ne suis p___ fran_____.
      J__ suis japo_____ .
   2. Qu'est-ce q___ tu fai__？ Je suis étud_____e.
   3. Vous trava_____ ？ N_____ , je n__ trava_____ p____ . Je suis ____diant.
   4. Il e_____ musici_____？ N_____ , il e_____ act_____ .
   5. Elle _____ musici_____？ N_____ , e____ e_____ act_____ .

4. 例文を参考にして，周りの人とやりとりをしてみましょう．国籍・職業の部分を他の語に入れ替えて，さまざまなパターンで練習してください．

㉗ 5. やりとりを聞いて答えましょう．言っていない項目もあります．

	名前	住んでいるところ	話せる言語	国籍	職業
1					
2					
3					

㉘ **Supplément**　　Qui est-ce ? C'est ～

例にならって文を作り，周りの人とやりとりしてみましょう．

Hamasaki Ayumi　: Qui est-ce ?　　　　　　　　　　あれは誰？

　　　　　　　　C'est Ayumi. Elle est japonaise.　アユミです．日本人です．

　　　　　　　　Elle est chanteuse.　　　　　　　歌手です．

Michael Jackson　:

Ikegami Akira　　:

Catherine Deneuve :

㉙ **Devoirs**

　次回までに CD を何度も聞いて以下の文を暗記してきましょう．意味を確認し，書けるようにしておくこと．次回の授業で小テストがあります．

1. Tu es française ? —Non, je suis japonaise.

2. Il est chinois ? —Non, il n'est pas chinois. Il est coréen.

3. Qu'est-ce que vous faites ? Vous êtes étudiant ?

4. Non, je ne suis pas étudiant. Je travaille.

5. Qu'est-ce que tu fais ? —Je suis employé.

6. Elle est musicienne ? —Non, elle est actrice.

Leçon 4　avoir，不定冠詞，否定の de

J'ai un frère.

Leçon 3 で学習した être と並んで重要な動詞である avoir を使ってみましょう.

㉚ Exemples

1. *A :* Vous **avez des** frères et sœurs ?　　　兄弟や姉妹はいますか？

　　 B : Oui, j'**ai un** frère et une sœur.　　　はい，兄（弟）が一人と姉（妹）が一人います.

2. *A :* Vous **avez des** frères ?　　　兄弟はいますか？

　　 B : Non, je n'**ai pas de** frères, mais j'**ai** deux sœurs.　　　いいえ，いません．姉（妹）が二人います.

3. *A :* Vous **avez un** stylo ?　　　ペンを持っていますか？

　　 B : Oui, voilà.　　　はい，どうぞ.

4. *A :* Vous **avez** quel âge ?　　　おいくつですか？

　　 B : J'**ai 18** ans.　　　18 歳です.

Boîte à outils

Ⅰ. avoir の活用

英語の have 動詞にあたるものです．Leçon 3 で学習した être と同様に不規則動詞の仲間です.

㉛

avoir の活用			
j'	ai	nous	avons
tu	as	vous	avez
il	a	ils	ont
elle	a	elles	ont

avoir の否定形

....　..

....　..

....　..

....　..

何度も声に出して活用を覚えましょう．また，avoir を否定形で活用させてみましょう.

Ⅱ．不定冠詞

Leçon 1 で学習したように，フランス語の名詞には性・数があります.「1つ」「1人」を表すには名詞の性に合わせて un または une を用います.

複数の物・人を表すには，2，3 …などの数詞以外に，複数であることを示す冠詞 des を用いることもできます. 男性名詞，女性名詞のどちらにも使えます.

単数の un, une, 複数の des のことをまとめて不定冠詞とよびます.

	単　数	複　数
男性名詞	**un**	**des**
女性名詞	**une**	

次の単語の意味と性を調べ，un または une をつけましょう. そのあと冠詞 des を使って複数形にしましょう.

.... frère	.... sœur	.... enfant	.... chien	.... chat
.... voiture	.... vélo	.... moto	.... scooter	.... stylo
.... crayon	.... gomme	.... papier	.... agenda	.... dictionnaire
.... montre	.... téléphone portable		.... ordinateur	

Ⅲ．否定の冠詞 de(d')

「何かがない」「いない」ということを表すときには，数・量がゼロであることを示すための冠詞を用います. それが de です（母音始まりの語の前では d'）. 男性名詞にも女性名詞にも使うことができます.

Ⅳ．年齢

年齢を言うときにも avoir を使います.「～歳」に当たる語は an です. 2 歳以上の歳を言う場合には複数形にしましょう.

1 ～ 20 の数を使って「～歳」と言う練習をしましょう.

un an, deux ans, trois ans, quatre ans, cinq ans, six ans, sept ans, huit ans ......

㉜ **Ecoutez et répétez**

例文の意味を確認し，繰り返し声に出して練習しましょう. さらに主語を tu に変えて練習しましょう.

1. Tu .... des frères et sœurs ?　Oui, j'ai un frère et une sœur.

2. Tu .... des frères ?　Non, je n'ai pas de frères.

3. Tu .... un stylo ?　Oui, voilà.

4. Tu .... quel âge ?　J'ai 18 ans.

Exercices

1. 左の語と同じものを素早く見つけて丸で囲みましょう.

| avez |
| frère |
| de |
| quel |
| téléphone |

non   de   frère   *télévision*   **téléphoner**   quelle   téléphone

le   as   **don**   avez   **téléphoner**

du   quoi   femme   frère   **ayez**

un   dont   **frère**   avons   quelles   **quel**   aviez

téléphone   avez   *dix*   **quel**   frères   téléphones   travaille   du

avoir   de   *avez*   fleurs   téléphones   quels   fleuve

des   qui   sœur   ont   ai   que   quel

2. できるだけ素早く書いてみましょう.

vous avez ....

frère ....

sœur ....

quel âge ....

téléphone ....

3. 下線部に文字を入れて文を完成させ, 繰り返し練習しましょう.

1. Tu a__ que__ âg__ ? J'___ vin____ an__ . Et t___ ? J'___ dix-hui__ an__ .

2. Vou__ av___ de__ frè____? N___ , je n'a__ pas d__ frè____ . Mais, j'ai u___ sœ___.

3. Il __ quel ____ge? Il __ deu__ ans.

4. Ell__ __ quel âge ? Di__ an__ .

5. Nou__ n'av____ pa__ d__ diction_____s.

4. p.21 の語を用いて, 周りの人に質問してみましょう. 答える人はすべて Oui で答えてください.

Vous avez (Tu as) 〜? 　 Oui, j'ai 〜.

5. p.21 の語を用いて，周りの人に質問してみましょう．答える人はすべて Non で答えてください．

   Vous avez (Tu as) 〜 ?　Non, je n'ai pas 〜.

6. 例文１〜３を参考にして，周りの人と現実に即してやりとりしてみましょう．

7. 例文４を参考にして，周りの人に年齢を聞いてみましょう．

㉝ **Supplément**　　中性代名詞 en

　同じ単語の繰り返しを避けるために，代名詞 en を使って答えることもできます．フランス語では代名詞は動詞の前に置きます．数量をはっきりさせたいときには最後に数を示しましょう．

1. Vous avez des frères ?　　Oui, j'en ai un. / Non, je n'en ai pas.
2. Vous avez des sœurs ?　　Oui, j'en ai une. / Non, je n'en ai pas.
3. Vous avez des stylos ?　　Oui, j'en ai. / Non, je n'en ai pas.

　代名詞を使って周りの人とやりとりをしてみましょう．

㉞ **Devoirs**

　次回までに CD を何度も聞いて以下の文を暗記してきましょう．意味を確認し，書けるようにしておくこと．次回の授業で小テストがあります．

1. Vous avez des frères ?
2. Non, je n'ai pas de frères, mais j'ai une sœur.
3. Tu as quel âge ?
4. J'ai vingt ans. Et toi ?
5. Bonjour. Je m'appelle Takeshi Yamamoto. J'habite à Kyoto. Je suis étudiant. J'ai 18 ans.
   J'ai deux frères et une sœur.

Leçon 5 定冠詞

Vous aimez le sport ?

aimer「好き」を使って好みを話しましょう. 定冠詞も学習します.

③⑤ **Exemples**

1. *A :* Vous aimez le sport ?　　　スポーツはお好きですか？
   B : Oui, beaucoup.　　　はい, とても好きです.

2. *A :* Qu'est-ce que vous aimez ?　　　何がお好きですか？
   B : J'aime le football.　　　サッカーが好きです.

3. *A :* Vous aimez qui ?　　　誰が好きですか？
   B : J'aime Zidane.　　　ジダンが好きです.

4. *A :* Vous aimez les chiens ?　　　犬はお好きですか？
   B : Non, pas beaucoup.　　　いいえ, あまり好きではありません.

5. *A :* Qu'est-ce que vous aimez faire ?　　　何をするのがお好きですか？
   B : J'aime danser.　　　踊るのが好きです.

Boîte à outils

Ⅰ. aimer の活用
「好き」という意味の動詞です. Leçon 2 で学習した er 動詞の仲間です.

③⑥　　　aimer の活用　　　　　　　　aimer の否定形

....
....
....
....

aimer を肯定形と否定形で活用させてみましょう.

Ⅱ．定冠詞

名詞には，Leçon 4 で学習した不定冠詞以外に，定冠詞を付けることもあります．定冠詞は「～というもの」「～一般」という意味を表したり，特定のものを指して「例の～」「あの～」と言う場合にも使うことができます．

	単　数		複　数
	子音字始まり	母音字始まり	
男性名詞	**le**	**l'**	**les**
女性名詞	**la**		

次の単語の意味と性を調べ，le, la, l', les のうち適切なものをつけましょう．

.... sport .... football .... tennis .... ski .... natation

.... musique .... rock .... piano .... karaoké .... opéra

.... cinéma .... voyages .... télé .... ballet .... lecture

.... café .... bière .... pizzas .... chiens .... chats

㊲ **Ecoutez et répétez**

例文の意味を確認し，繰り返し声に出して練習しましょう．さらに主語を tu に変えて練習しましょう．

1. Tu .... le sport ?　　　　Oui, beaucoup.

2. Qu'est-ce que tu .... ?　　J'aime le football.

3. Tu .... qui ?　　　　　　J'aime Zidane.

4. Tu .... les chiens ?　　　Non, pas beaucoup.

5. Qu'est-ce que tu .... faire ?　J'aime danser.

1. 左の語と同じものを素早く見つけて丸で囲みましょう.

| aimez |
| chiens |
| faire |
| qu'est-ce que |
| beaucoup |
| la |

qui est-ce que   façon   beaucoup   faire   lis   les

fer   bonne   chatte   aime   belle

ayez   qu'est-ce que   le   la   fac

veau   chiens   un   aimer   chien   las

chiens   aimez   chats

beaux   aimes   aimez   aimons

là   aimez   beaucoup   avez   fasse   faire   lac

aviez   beaucoup   chiens   faire   faire   qu'est-ce qui   fait   la

cinq   beau

qui est-ce que   la   faisons   aire   chinois   chez   une

fais

2. できるだけ素早く書いてみましょう.

vous aimez ....

la bière ....

qu'est-ce que ....

j'aime ....

beaucoup..

3. 下線部に文字を入れて文を完成させ, 繰り返し練習しましょう.

1. Vou__ ai_____ l__ natation ? Oui, beau_____ .

2. Qu'est-ce _____ vous aim_____ fair__ ?

3. Tu aim__ l__ sport ? Oui, j'aim__ l__ football.

4. Elle aim__ l__ musi_____ .

5. Nou__ aim_____ beau_____ le__ pizzas.

4. 例文1〜4を参考にして, 周りの人とやりとりをしてみましょう. いろいろな語を使って周りの
人の好きなもの, 嫌いなものを聞いてください.

5. aimer + 動詞の原形で「〜するのが好き」という意味になります．下の語句の意味を調べ，
   例文5を参考にして周りの人とやりとりしてみましょう．

chanter	danser	dormir
sortir	travailler	lire
rester à la maison	regarder la télé	écouter de la musique
faire la cuisine	faire des courses	faire du sport

㊳ 6. やりとりを聞いて日本語で答えましょう．言っていない項目もあります．

	名前	住んでいるところ	国籍	職業	好き・嫌い
1					
2					
3					

㊴ **Supplément** 21 〜 60

21 vingt-et-un	**22** vingt-deux	**23** vingt-trois	**24** vingt-quatre ...	**30** trente
31 trente-et-un	**32** trente-deux	**33** trente-trois ...		**40** quarante
41 quarante-et-un	**42** quarante-deux ...			**50** cinquante
51 cinquante-et-un ...				**60** soixante

㊵ **Devoirs**

次回までに CD を何度も聞いて以下の文を暗記してきましょう．意味を確認し，書けるようにし
ておくこと．次回の授業で小テストがあります．

1. Vous aimez le sport ?

2. Non, pas beaucoup. J'aime la musique.

3. Vous aimez qui ?

4. J'aime Jane Birkin.

5. Qu'est-ce que tu aimes faire ? Tu aimes sortir ?

Leçon 6　　所有形容詞

Votre frère, il s'appelle comment ?

これまでに学習したことを使って，この課では第三者について語ってみましょう．

(41) **Exemples**

1. A : Vous avez des frères ?　　　　　　　兄弟はいますか？

B : Oui, j'ai un frère.　　　　　　　　　はい，兄が一人.

A : Votre frère, il s'appelle comment ?　お兄さんのお名前は？

B : Il s'appelle Takashi.　　　　　　　　タカシです.

A : Il habite où ?　　　　　　　　　　　どこに住んでいますか？

B : Il habite à Pékin.　　　　　　　　　北京に住んでいます.

A : Qu'est-ce qu'il fait ?　　　　　　　何をしているのですか？

B : Il est employé.　　　　　　　　　　サラリーマンです.

A : Il a quel âge ?　　　　　　　　　　おいくつですか？

B : Il a 25 ans.　　　　　　　　　　　25 歳です.

(42) **2.** A : Voilà une amie, Sophie.　　　　　友達のソフィーよ.

Elle est française.　　　　　　　彼女はフランス人だけど，

Mais son père est italien.　　　彼女のお父さんはイタリア人なの.

B : Ah bon. Et ton père, qu'est-ce qu'il fait ?　ああ，そうなの．あなたのお父さんは何を
　　　　　　　　　　　　　　　　　　　　　　　　しているの？

C : Il est professeur.　　　　　　　　　教師よ.

B : Et ta mère ? Elle est française ?　で，あなたのお母さんは？ フランス人？

C : Oui, elle est française.　　　　　　ええ，フランス人.

B : Qu'est-ce qu'elle fait ?　　　　　　何をしているの？

C : Elle est chanteuse. Elle aime chanter.　歌手よ．彼女は歌うのが好きなの.

所有形容詞

「私の〜」「あなたの〜」と所有者を表します. 意味のかかる名詞の性・数によって形が変わります.

	単　数			複　数
	男性名詞	女性名詞		
		母音字始まり	子音字始まり	
私の	**mon**		**ma**	**mes**
君の	**ton**		**ta**	**tes**
彼・彼女の	**son**		**sa**	**ses**
私たちの	**notre**			**nos**
あなた・あなた方の	**votre**			**vos**
彼ら・彼女らの	**leur**			**leurs**

次の語の意味と性を調べ, mon, ma, mes のうち適切なものをつけましょう.

.... père　　.............. mère　　.............. frère　　.............. sœur　　.............. parents

.... ami　　.............. amie　　.............. amis　　.............. amies

例文の意味を確認し, 繰り返し声に出して練習しましょう. 十分に練習ができたら, il, elle を使った表現をまとめておきましょう.

名前：　Il (Elle) .... comment ?　　　Il (Elle) .... 〜.

住んでいるところ：Il (Elle) .... où ?　Il (Elle) .... à 〜.

国籍：　Il (Elle) .... 〜 ?　　　　　Oui, il (elle) .... 〜.

　　　　　　　　　　　　　　　　　　　　　　　Non, il (elle) .... 〜.

職業：　Qu'est-ce qu'il (elle) fait ?　　　　　Il (Elle) .... 〜.

年齢：　Il (Elle) .... quel âge ?　　Il (Elle) .... 〜 an(s).

好み：　Il (Elle) .... 〜 ?　　　　Oui, il (elle) .... beaucoup.

　　　　　　　　　　　　　　　　　　　　　　　Non, il (elle) .... beaucoup.

Exercices

1. 左の語と同じものを素早く見つけて丸で囲みましょう.

ton
mais
leurs
amis
chanteuse

mais   **amis**   suosueyɔ   **mai**   **leurs**   mais

lettre   **chanteuse**   **son**   chantes   les   lui   met   leurs

ses   **tes**   **mon**   ta   ami   amie   toi   rue   loup

ɯoɯ   **chanteurs**   mes   **mais**

chanter

amer   ton   **amis**   main   toi   mais   amener   leur

chanteur   amant   amies   **ʇuɐɥɔ**   ans   mais   leurs

2. できるだけ素早く書いてみましょう.

elle est ....

sa mère ....

employé..

qu'est-ce qu'elle fait ? ....

il s'appelle comment ? ....

3. 下線部に文字を入れて文を完成させ, 繰り返し練習しましょう.

1. Tu a__ de__ sœurs ? Non, je n'a__ pas d__ sœurs. J'ai un frè_____ . Et t_____ ?

2. Vot_____ père, i__ s'ap_____ comme_____ ?

3. No__ parents habit_____ à Kyoto.

4. _____'est-ce qu'il fai_____ ? Il es__ chant_____ .

5. S_____ amie Hélène, elle e_____ fran_____ ?

4. 次の質問に続けて周りの人に兄弟姉妹のことを尋ねましょう (名前, 住んでいるところ, 職業, 年齢, 好みなど).

Vous avez (Tu as) des frères et sœurs ?

5.　次の質問に続けて周りの人に両親のことを尋ねましょう.

Votre (Ton) père s'appelle comment ? / Votre (Ta) mère s'appelle comment ?

6.　あなたの周りの人のことを紹介しましょう.

Voilà un(e) ami(e). Il (Elle) s'appelle 〜

㊸ 7.　空欄に聞こえた語を入れ文を完成させましょう.

1. Je .... Michiyo. Je suis .... J' .... 2 ....
.... sœurs .... à Kyoto. Mais moi, j' .... à Sapporo.

2. .... frère, il .... Hiroshi. Il .... cuisinier. Il ....
30 .... Il .... voiture. Il .... sortir.
.... amie, elle .... Betty. Elle est .... Elle
.... 27 .... Betty et .... frère, ils ....
ensemble à Tokyo.

8.　2人以上のグループになり，これまでに学習した内容を組みあわせて，自由にやりとりを作って
みましょう．作文ができたら文字を見なくてもやりとりできるまで何度も繰り返し練習しましょう.

㊹ **Devoirs**

次回までにCDを何度も聞いて以下の文を暗記してきましょう．意味を確認し，書けるようにし
ておくこと．次回の授業で小テストがあります.

1. Vous avez des sœurs ?

2. Non, je n'ai pas de sœurs. J'ai deux frères.

3. Vos frères, ils habitent où?

4. Son ami, qu'est-ce qu'il fait ?

5. Il est professeur et acteur ! Il aime chanter.

Leçon 7　形容詞 (1)

Ton frère, il est comment ?

> いろいろな物や人について「どんな」というのが形容詞です．フランス語の形容詞は意味のかかる名詞の性・数に応じて形を変えます．

⑤ **Exemples**

1. *A :* **Ton frère, il est comment ?**　　　　君のお兄さんってどんな人？

　　B : **Il est grand.**　　　　背が高いよ．

2. *A :* **Votre sœur, elle est comment ?**　　あなたのお姉さんはどんな人ですか？

　　B : **Elle n'est pas grande.**　　　　背は高くありません．

　　　Elle a les cheveux longs.　　　　長い髪をしています．

　　　Elle porte des lunettes.　　　　メガネをかけています．

3. **Aujourd'hui, je porte un chemisier blanc,**　　今日，私は白いブラウス，ブルーのジーンズ，

　　un jean bleu et des chaussures noires.　　黒い靴を身につけています．

Boîte à outils

Ⅰ．形容詞の性・数

　物や人について「どんな」と修飾するのが形容詞です．フランス語では人だけでなく物や事柄を示す名詞にも性・数がありましたね．名詞を修飾する形容詞は意味のかかる名詞の性・数に合わせて形が変わります．

	単　数	複　数
男性形		男性単数＋**s**
女性形	男性単数＋**e**	女性単数＋**s**

一部例外的な女性形を持つ形容詞もあります．

1. 次の形容詞の意味を調べましょう．例外的な女性形を持つものは女性形も調べてください．辞書の見方も確認しておきましょう．

性・数変化					
基本	grand(e)	petit(e)	intelligent(e)		
	méchant(e)	gourmand(e)	joli(e)	court(e)	
	bleu(e)	noir(e)	vert(e)	gris(e)	brun(e)
例外的	gros	gentil	mignon		
	sportif	vieux	long		
	blanc	violet			
男女同型	mince	bête	timide		
	sympathique	drôle	jeune		
	rouge	rose	jaune	beige	orange

2. 音の変化に気をつけて，それぞれの形容詞の男性形と女性形を発音しましょう．

Ⅱ．形容詞の位置
一部を除いてほとんどすべての形容詞は名詞の後ろに置かれます．

与えられた意味の形容詞をつけましょう．性・数に気をつけてください．

1. les cheveux .... / ....　長い / 短い髪

2. les yeux .... / .... / ....　青い / 黒い / 茶色い眼

3. un chemisier .... / .... / ....　白い / 赤い / 緑のブラウス

4. des chaussures .... / ....　黒い / 白い靴

⑯ ## Ⅲ．服装
動詞 porter を使って服装を言うことができます．

porter の活用		porter の否定形	
....	....	....	....
....	....	....	....
....	....	....	....
....	....	....	....

次の語の意味を調べましょう. (　　) には不定冠詞を入れてください.

( ) chemisier	( ) chemise	( ) T-shirt	( ) polo
( ) pull	( ) gilet	( ) robe	( ) veste
( ) blouson	( ) manteau	( ) pantalon	( ) jean
( ) jupe	( ) chaussettes	( ) chaussures	( ) lunettes

Ecoutez et répétez

例文の意味を確認し，繰り返し声に出して練習しましょう.

Exercices

1.　左の語と同じものを素早く見つけて丸で囲みましょう.

chemise
intelligent
jeune
vieux
belle

intelligible　chemise　belle　jouer　beau　ballet

intelligent　chemin　belle　jeune　vieux

vient　jeune　jeunesse　intelligent　belle　jaune　bel

village　intéressant　intelligence　vitesse　vieil

intelligente　vieillesse　jeune　cheminée　cheveux　berceau　chemises

vieux　vivre　bien　jaunes　chemise　venir　vallée　jeux

jeunes　bain

2.　できるだけ素早く書いてみましょう.

ton frère ....

sympathique ....

aujourd'hui ....

je porte ....

les cheveux longs ....

des chaussures noires ....

3. 下線部に文字を入れて文を完成させ，繰り返し練習しましょう．

1. Votr__ frère, __l es__ commen__ ?

2. Il es__ gran__ et gro_____ .

3. T__ sœur port__ de__ lunette_____ ?

4. Non, el_____ n__ port__ pa__ d____ lunettes.

5. So__ amie est genti_____ et sympathi_____ .

4. 自分の家族の容姿，性格，髪の長さを作文しましょう．

Mon père

Ma mère

Mon frère

Ma sœur

5. 例文1，2を参考にして，周りの人に家族のことを聞きましょう．

6. 例文3を参考にして，今日の自分の服装を書き，言いましょう．

7. 周りの友達の今日の服装を書き，言いましょう．

㊼ **Devoirs**

　次回までに CD を何度も聞いて以下の文を暗記してきましょう．意味を確認し，書けるようにしておくこと．次回の授業で小テストがあります．

1. Votre sœur, elle est comment ?

2. Elle a les cheveux longs.

3. Son enfant porte un pull vert. Il est mignon !

4. Elle est intelligente et sympathique.

5. Aujourd'hui, mon frère porte des lunettes.

Leçon 8　形容詞 (2)

Tu portes un beau pull rouge !

一部の形容詞は名詞の前に置かれます．男性形を２つ持つ形容詞も学習しましょう．

㊽ Exemples

1. *A :* Tu portes un beau pull rouge !　　　　　素敵な赤いセーターを着ているわね.

　　B : Merci. Toi aussi, tu portes une belle　　　ありがとう. 君も素敵な黒のドレスを着ている
　　　　 robe noire.　　　　　　　　　　　　　　ね.

2. *A :* Il habite où ?　　　　　　　　　　　　彼はどこに住んでいるの?

　　B : Il habite à Paris. Il habite dans un bel　　パリです. 素敵なマンションに住んでいるんで
　　　　 appartement.　　　　　　　　　　　　　すよ.

3. *A :* Vous avez un ordinateur ?　　　　　　　パソコン持ってますか?

　　B : Oui, j'ai un nouvel ordinateur. Et vous ?　はい, 新しいパソコンを. あなたは?

　　A : Moi, je n'ai pas d'ordinateur.　　　　　私は持っていません.

Boîte à outils

Ⅰ．形容詞の位置

　Leçon 7 で見たように，フランス語の形容詞は名詞の後ろが基本の位置ですが，下に挙げたような一部の形容詞は名詞の前に置いて用います.

> それぞれの形容詞の意味と女性形を調べましょう.
>
> grand　　　　　　　petit　　　　　　　bon　　　　　　　joli
>
> beau　　　　　　　nouveau　　　　　　vieux

適切な形容詞をつけましょう. (　　) には不定冠詞を入れてください.

良い辞書：(　　　　) .... dictionnaire

良い時計：(　　　　) .... montre

大きな / 小さなカバン：(　　　　) .... / .... sac

大きな / 小さな家：(　　　　) .... / .... maison

素敵なブルーのドレス：(　　　　) .... robe ....

Ⅱ．男性第二形を持つ形容詞

　上で見た beau, nouveau, vieux は男性形を2つ持っています．男性第二形は母音始まりの語の前で使います．

　辞書を使って3つの形容詞の性・数変化表を完成させましょう.

単　　数		複　　数	
男性形（第二形）	女性形	男性形	女性形
beau (　　　　　)			
nouveau (　　　　　)			
vieux (　　　　　)			

適切な形容詞をつけましょう. (　　) には不定冠詞を入れてください.

新しい / 古いパソコン：(　　　　) .... / .... ordinateur

素敵な / 新しいマンション：(　　　　) .... / .... appartement

素敵な / 新しい / 古い家：(　　　　) .... / .... / .... maison

新しい / 古いワンルームマンション：(　　　　) .... / .... studio

Ecoutez et répétez

　例文の意味を確認し，繰り返し声に出して練習しましょう.

Exercices

1. 右欄の語を使って空欄を埋め，クロスワードを完成させましょう.

				v	
		p		i	
	b			e	
					n
v		t	b		u
			e		
b	e				
		g	a		
x				u	

beau
belle
bleu
grand
nouveau
petit
rouge
vert
vieille
vieux

2. できるだけ素早く書いてみましょう.

nouveau sac ....

nouvelle maison ....

vieux studio ....

vieille maison ....

bel appartement ....

bon dictionnaire ....

3. 下線部に文字を入れて文を完成させ，繰り返し練習しましょう.

1. Vou__ port_____ un bea__ pull ble__ !

2. Tu habit__ dans un__ gran_____ maison ?

3. Il a un nou_____ ordinat_____ ?

4. Non, il n'__ pas __'ordina_____ .

5. El_____ habit__ da_____ un be_____ apparte_____ .

4. 例文1を参考に，形容詞 beau を使って周りの人の服装を褒めましょう．基本の形は下のとおりです． vous を使ったやりとりも練習しましょう．（語彙は Leçon 7）

男性名詞： un beau　<u>衣類 色</u>　　　　女性名詞： une belle　<u>衣類 色</u>

5. 例文2を参考にして，周りの人とどんな家に住んでいるか話しましょう．

Vous .... où ?　　→　　J' .... à 〜.

(Tu .... où ?)　　　　J' .... dans 〜.

6. 例文3を参考にして，周りの人と持ち物について（新・旧など）話しましょう．（語彙は Leçon 4）

7. 2人以上のグループになり，これまでに学習した内容を組みあわせて，自由にやりとりを作ってみましょう．作文ができたら文字を見なくてもやりとりできるまで何度も繰り返し練習しましょう．

㊾ **Devoirs**

　次回までに CD を何度も聞いて以下の文を暗記してきましょう．意味を確認し，書けるようにしておくこと．次回の授業で小テストがあります．

1. Tu portes un beau pull vert.
2. Vous portez une belle robe rouge !
3. Nathalie habite dans un bel appartement ?
4. Il habite dans un grand studio.
5. J'ai un nouvel ordinateur portable.

Leçon 9　指示形容詞，aller，à の縮約形

Vous allez où ce soir?

aller「行く」は原形が er で終わっていますが不規則動詞の仲間です．場所を示す前置詞 à は後ろに置かれる名詞の性・数によって形を変えることがあります．

50 **Exemples**

1. *A:* **Vous allez où ce soir?**　　　　　　今夜どこに行きますか？

　　B: **Je vais au cinéma avec ma sœur. Et vous?**　妹と映画に行きます．あなたは？

　　A: **Je vais à la piscine.**　　　　　　　プールに行きます．

2. *A:* **Je voudrais aller en France cet été. Et vous?**　この夏フランスに行きたいなあ．あなたは？

　　B: **Moi, je voudrais aller aux États-Unis.**　僕はアメリカに行きたいなあ．

Boîte à outils

Ⅰ．時の表現

辞書で意味を調べましょう．

aujourd'hui	lundi	demain	
demain	mardi	lundi	
après-demain	mercredi	mardi	matin
	jeudi	mercredi	après-midi
	vendredi	jeudi	soir
	samedi	vendredi	
	dimanche	samedi	
		dimanche	

Ⅱ. 指示形容詞

英語の this や that と同じように,「この～」「その～」「あの～」と指し示すときに使います. 後ろに来る名詞の性・数によって形が変わります.

単 数			複 数
男性名詞		女性名詞	
子音始まり	母音始まり		
ce	**cet**	**cette**	**ces**

指示形容詞をつけましょう. それぞれどのような意味になりますか？

.... matin .... après-midi .... soir .... week-end

.... printemps .... été .... automne .... hiver

Ⅲ. aller

「行く」という意味の動詞です. er で終わっていますが唯一の例外で, 不規則動詞の仲間です.

(51)

aller の活用

je	vais	nous	allons
tu	vas	vous	allez
il	va	ils	vont
elle	va	elles	vont

aller の否定形

....

....

....

....

aller の否定形の活用を書いておきましょう. 何度も声に出して覚えてください.

Ⅳ. à の縮約形

場所を示す前置詞 à は後ろにくる名詞の性・数によって形を変えることがあります. 男性名詞や複数名詞を用いる場合の au や aux は, 前置詞 à と後ろの名詞に付く定冠詞 (le, les) が合わさって一つになったものです.

	単 数		複 数
	男性名詞	女性名詞	
子音始まり	**au**	**à la**	**aux**
母音始まり	**à l'**		

au, à la, à l', aux のうち適切なものを入れましょう.

.... gare .... banque .... supermarché .... poste

.... hôpital .... karaoké .... cinéma .... bibliothèque

.... piscine .... école .... café .... restaurant

.... toilettes .... mer .... montagne

Ⅴ．国名

フランス語では国名を表す名詞にも性・数があります．国はこの世で唯一の特定のものですから定冠詞を付けて用いましょう.

辞書で意味を調べ，（ ）に適切な定冠詞を入れましょう.

( ) France	( ) Angleterre	( ) Allemagne	( ) Espagne
( ) Italie	( ) Belgique	( ) Grèce	( ) Pays-Bas
( ) Canada	( ) États-Unis	( ) Japon	( ) Chine
( ) Corée	( ) Thaïlande	( ) Égypte	

「〜の国で」「〜の国へ」と場所に国名を用いる場合の前置詞は下のようになります.

| | 単　数 | | 複　数 |
	男性名詞	女性名詞	
子音始まり	**au**	**en**	**aux**
母音始まり	**en**		

適切な前置詞をつけましょう.

( ) France	( ) Angleterre	( ) Allemagne	( ) Espagne
( ) Italie	( ) Belgique	( ) Grèce	( ) Pays-Bas
( ) Canada	( ) États-Unis	( ) Japon	( ) Chine
( ) Corée	( ) Thaïlande	( ) Égypte	

Ⅵ．Je voudrais 〜

Je voudrais ＋名詞で「〜が欲しい」，Je voudrais ＋動詞の原形で「〜したい」という意味を表します.

例文の意味を確認し，繰り返し声に出して練習しましょう.

Exercices

1. 右欄の語を使って空欄を埋め，クロスワードを完成させましょう.

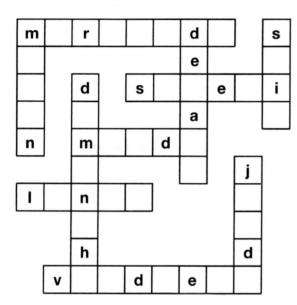

| demain |
| dimanche |
| jeudi |
| lundi |
| mardi |
| matin |
| mercredi |
| samedi |
| soir |
| vendredi |

2. できるだけ素早く書いてみましょう.

je vais ....

au cinéma ....

à la banque ....

en France ....

aux États-Unis ....

vous allez ....

je voudrais ....

3. 下線部に文字を入れて文を完成させ，繰り返し練習しましょう.

1. Vous all_____ e__ Angleterre ce__ été ?

2. Non, je va_____ e__ France avec m_____ amis.

3. Aujourd'_____ , tu va__ __ la piscine ?

4. Non, je va_____ _____ cinéma.

5. Je vou_____ aller a_____ toilettes.

4. 例文1を参考にして，周りの人とどこに行くかやりとりしてみましょう．いろいろな時の表現を使ってみてください．tu を使ったやりとりも練習しましょう．

5. 例文2を参考にして，周りの人とどこに行きたいか話しましょう．

6. Leçon 5 で見た動詞の原形を使って，周りの人としたいことを言いましょう．

⑤ **Devoirs**

次回までに CD を何度も聞いて以下の文を暗記してきましょう．意味を確認し，書けるようにしておくこと．次回の授業で小テストがあります．

1. Ce soir, vous allez à la bibliothèque?

2. Je vais au supermarché demain matin.

3. Tu vas aux Etats-Unis ce printemps ?

4. Je voudrais aller en Angleterre cet été.

5. Je voudrais rester à la maison ce week-end.

パリの風景（2）

貸し自転車（Vélib'）

バトームッシュ

Vélib'のチケット購入法

トラム

バス

日付刻印機

メトロ

TGVと郊外電車

Leçon 10 中性代名詞 y，近接未来

Vous y allez comment?

> aller を使ってさらにやりとりを発展させましょう．場所を受ける代名詞 y や交通手段，理由を述べる表現を学習します．

㊾ Exemples

1. *A :* **Vous allez à l'école demain ?** 明日学校に行きますか？

　　B : **Oui, j'y vais.** 行きますよ．

　　A : **Vous y allez comment ?** どうやって行くのですか？

　　B : **J'y vais en bus.** バスで行きます．

㊿ 2. *A :* **Vous allez au cinéma demain ?** 明日映画に行きますか？

　　B : **Non, je n'y vais pas.** いいえ，行きません．

3. *A :* **Vous allez à l'hôpital en voiture ? Pourquoi ?** 病院に車で行くのですか？どうして？

　　B : **Parce que c'est rapide.** 速いからです．

4. *A :* **Qu'est-ce que vous allez faire ce week-end ?** この週末何をするつもりですか？

　　B : **Je vais faire des courses. Et vous ?** 買い物をします．あなたは？

　　A : **Moi, je vais rester à la maison.** 私は家にいます．

行くんで

Boîte à outils

Ⅰ．**中性代名詞 y**

　　場所を受ける代名詞です．
　　フランス語の代名詞は動詞の前に置きます．

Vous allez à l'école ?
— Oui, j'y vais.
— Non, je n'y vais pas.

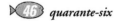

II. 交通手段

辞書で意味を調べましょう.

en	voiture	en / à	vélo
	bus		moto
	train		
	métro	à pied	
	taxi	avec JR	
	avion		
	bateau		
	Shinkansen		
	stop		

III. Pourquoi ? Parce que ～

「なぜ?」「なぜならば」を表します. 対にして覚えましょう.

IV. 理由

Parce que c'est ～ / Parce que ce n'est pas ～

辞書で意味を調べましょう.

rapide	lent	facile	difficile
confortable	agréable	fatigant	cher
pratique	intéressant	amusant	ennuyeux
loin			

V. 近接未来

aller を主語に合わせて活用させ, 後ろに動詞の原形を置くと未来のことが言えます.

Ecoutez et répétez

例文の意味を確認し, 繰り返し声に出して練習しましょう.

Exercices

1. 右欄の語を使って空欄を埋め，クロスワードを完成させましょう．

avion
cher
facile
lent
métro
pied
pratique
pourquoi
voiture

2. できるだけ素早く書いてみましょう．

à l'école ....

j'y vais ....

pratique ....

en voiture ....

pourquoi ....

parce que ....

vous allez faire ....

3. 下線部に文字を入れて文を完成させ，繰り返し練習しましょう．

1. Tu v_____ ___ l'écol__ aujourd'_____ ?

2. Non, je n'_____ v_____ pas.

3. Vous all_____ _____ cinéma _____ bus ?

4. Tu v_____ ___ l'hôpital _____ métro ? Pour_____ ?

5. Par_____ q_____ c'est prati_____ et rapi_____.

4. 例文 1, 2 を参考にして，周りの人とどこにどうやって行くか，やりとりしてみましょう．場所の表現は Leçon 9 を見てください．tu を使ったやりとりも練習しましょう．

5. 例文 3 を参考にして，周りの人と次のような流れでやりとりをしてみましょう．

Vous allez ～?	Oui → 交通手段	→ その交通手段を選ぶ理由
	Non → 行かない理由	

6. Leçon 5 で学習したことを思い出しながら，周りの人と好きなこと，嫌いなこと，それぞれの理由を話してみましょう．

7. 例文 4 を参考にして，周りの人とこれからしようとしていることを話してみましょう．動詞の原形は Leçon 5 を，時の表現は Leçon 9 を見てください．

8. 2 人以上のグループになり，これまでに学習した内容を組みあわせて，自由にやりとりを作ってみましょう．作文ができたら文字を見なくてもやりとりできるまで何度も繰り返し練習しましょう．

(55) Devoirs

次回までに CD を何度も聞いて以下の文を暗記してきましょう．意味を確認し，書けるようにしておくこと．次回の授業で小テストがあります．

1. Tu vas à l'école comment ?
2. J'y vais en bus. Et toi ? —Moi, à pied.
3. Vous allez au cinéma en métro ? Pourquoi ?
4. Parce que ce n'est pas cher.
5. Qu'est-ce que vous allez faire demain matin ?

Leçon 11　de の縮約形

Qu'est-ce qu'il y a dans votre sac?

位置関係を表す表現を使って，人や物がどこにいる・あるかを語りましょう．

⑤⑥ **Exemples**

1. *A :* Qu'est-ce qu'il y a dans votre sac ?

あなたのカバンの中には何がありますか？

　　B : Il y a des livres, un dictionnaire, un agenda et une trousse.

本，辞書，手帳，ペンケースがあります．

2. *A :* Qu'est-ce qu'il y a sur le bureau ?

机の上には何がありますか？

　　B : Il y a un manuel, des papiers, des crayons et une gomme.

テキスト，紙，鉛筆，消しゴムがあります．

⑤⑦ **3.** *A :* Où est ta trousse ?

君のペンケースはどこ？

　　B : Elle est dans le sac.

カバンの中．

　　A : Où est ton sac ?

君のカバンはどこ？

　　B : Il est sous le bureau.

机の下だよ．

4. *A :* Où est Kazumi ?

カズミはどこ？

　　B : Elle est entre Aki et Yukiko.

アキとユキコの間にいます．

Boîte à outils

Ⅰ. 場所を示す表現

辞書で意味を調べましょう.

sur	sous	dans
entre ~ et ~	devant	derrière
à côté de	à droite de	à gauche de

Ⅱ. de の縮約形

à côté de, à droite de, à gauche de に含まれている de は，後ろにくる名詞の性・数によって形を変えることがあります．男性名詞や複数名詞を用いる場合の du や des は，de と後ろの名詞に付く定冠詞（le, les）が合わさって一つになったものです.

後ろにくる語	単 数		複 数
	男性名詞	女性名詞	
子音始まり	**du**	**de la**	**des**
母音始まり	**de l'**		

du, de la, de l', des のうち，適切なものを入れましょう.

à côté .... bureau	à côté .... fenêtre	à côté .... ordinateur
à droite .... porte	à droite .... tableau	à droite .... chaise
à gauche .... livres	à gauche .... agenda	à gauche .... télé

Ⅲ. Il y a ~

「~がある」「~がいる」を表します. Il は非人称主語で，意味はありません.

Ecoutez et répétez

例文の意味を確認し，繰り返し声に出して練習しましょう.

1. 右欄の語を使って空欄を埋め，クロスワードを完成させましょう.

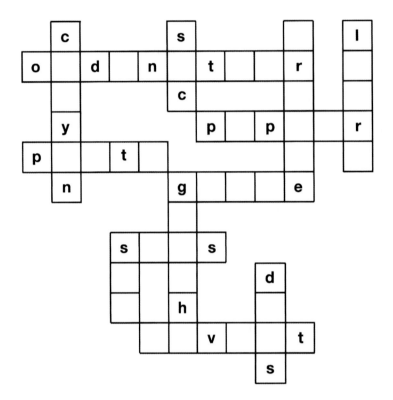

crayon
dans
devant
droite
gauche
gomme
livre
ordinateur
papier
porte
sac
sous
sur

2. できるだけ素早く書いてみましょう.

il y a ....

derrière ....

à côté de ....

à droite de ....

à gauche de ....

3. 以下の文字を並べ替えてできあがる単語を素早く書きましょう.

e, r, e, t, n   →

r, s, u   →

u, o, s, s   →

a, n, e, v, t, d   →

i, o, e, r, t, d   →

4. 下線部に文字を入れて文を完成させ，繰り返し練習しましょう.

1. Qu'_____-_____ qu'il y __ d_____ ton sac ?

2. Il y __ d____ papiers, des liv_____ et des cray_____ .

3. Qu'_____-_____ qu'____ y __ s___r le bureau ?

4. O__ est t_____ père ?

5. Il _____ en_____ Kazumi _____ Takashi.

5. 自分のカバンの中にあるものをフランス語で不定冠詞をつけて書き出しましょう. 知らない単語は辞書で調べたり，先生に聞いてください. そのあと，例文1を参考にして，周りの人のカバンの中にあるものを聞き，書きましょう.

自分のカバンの中にあるもの：

友人のカバンの中にあるもの：

6. 例文2を参考にして，周りの人の机の上にあるものを聞いてみましょう.

自分の机の上にあるもの：

友人の机の上にあるもの：

7. 例文3を参考にして，身の回りのものの位置関係を言いましょう. 名詞の性によって，代名詞 (il, elle) が変わることに気をつけましょう.

8. 例文4を参考にして，周りの人の位置関係を言いましょう.

⑤⑧ **Devoirs**

次回までに CD を何度も聞いて以下の文を暗記してきましょう. 意味を確認し，書けるようにしておくこと. 次回の授業で小テストがあります.

1. Qu'est-ce qu'il y a dans ton sac ?

2. Il y a des manuels, un dictionnaire et un *portable. * portable「携帯電話」

3. Où est ton portable ? —Il est sur le bureau.

4. Jacques est à gauche de la télé ?

5. Non, il est entre la porte et le tableau.

Leçon 12 命令形，序数

Où est la mairie?

命令文を使って，道順を言う表現を学習しましょう.

⑤⑨ **Exemples**

1. *A :* Pardon, monsieur, où est la mairie, s'il vous plaît? — すみません. 役所はどこでしょうか?

　　B : Continuez jusqu'à la gare. — 駅までまっすぐ行ってください.
　　　　 C'est derrière la gare. — 駅の裏にあります.

2. *A :* Madame, est-ce qu'il y a une poste près d'ici? — この近くに郵便局はありますか?

　　B : Prenez la première rue à droite. — 最初の通りを右に行ってください.
　　　　 C'est à côté du café. — 喫茶店の隣です.

⑥⓪ **3.** *A :* Excusez-moi. Je cherche une banque. — すみません. 銀行を探しているのですが.

　　B : Allez tout droit. — まっすぐ行ってください.
　　　　 Et prenez la deuxième rue à gauche. — それから 2 つ目の通りを左に行ってください.
　　　　 C'est sur votre droite. — あなたの右手にあります.

　　A : Merci beaucoup, madame. — ありがとうございます.

　　B : De rien. — どういたしまして.

Boîte à outils

Ⅰ. chercher, continuer

er 動詞の仲間です．意味と活用を書いておきましょう．

㊶ chercher（意味 　　　　　）　　　　　continuer（意味 　　　　　）

.... 　 .... 　　 .... 　 ....

.... 　 .... 　　 .... 　 ....

.... 　 .... 　　 .... 　 ....

.... 　 .... 　　 .... 　 ....

Ⅱ. 不規則動詞　prendre

この課では「道を進む」という意味で使われています．

㊷

prendre			
je	prends	nous	prenons
tu	prends	vous	prenez
il	prend	ils	prennent
elle	prend	elles	prennent

prendre の否定形

.... 　 ....

.... 　 ....

.... 　 ....

.... 　 ....

prendre の否定形の活用も書いておきましょう．何度も声に出して覚えてください．

Ⅲ. 命令文

話す相手との関係によって，tu または vous の活用から主語を取り除けば命令文になります．
er 動詞の tu の活用から命令文を作るときには語尾の s を消しましょう．

次の動詞の命令形を tu と vous の 2 つの形で作りましょう．

chanter 　→ .... / ....
danser 　→ .... / ....
aller 　→ .... / ....
continuer 　→ .... / ....
prendre 　→ .... / ....

Ⅳ. 序数

「〜番目の」「〜つ目の」という場合には序数を使います．「1 番目の」「1 つ目の」という時のみ，男性形と女性形があります．

何度も声に出して練習しましょう．他の数も序数にできますか？
premier または première, deuxième, troisième, quatrième, cinquième ......

例文の意味を確認し，繰り返し声に出して練習しましょう.

Exercices

1. 右欄の語を使って空欄を埋め，クロスワードを完成させましょう.

café
chercher
continuer
gare
madame
mairie
poste
prendre
rien

2. できるだけ素早く書いてみましょう.

continuez jusqu'à ....

prenez ....

la première rue ....

3. 下線部に文字を入れて文を完成させ，繰り返し練習しましょう.

1. _____ est la mairie, s'___ v_____ pl_____ ?

2. All _____ t_____ dro_____. Contin_____ jus_____' __ la gare. C'est à cô_____ d__ café.

3. Excu_____-moi. Je cher_____ une pos_____.

4. Pren_____ la deux_____ r_____ à droi_____. C'est _____ votre gauche.

5. _____ y a une banque pr_____ __' ici ?

4. Leçon 11 や上の例文を見て，次の意味を表す表現をまとめておきましょう.

~はどこですか？

この近くに~はありますか？

~を探しているのですが.

まっすぐ行ってください.

~までまっすぐ行ってください.

~番目の通りを右（左）に行ってください.

~の前（裏）にあります.

~の隣にあります.

あなたの右手（左手）にあります.

5. 2人以上のグループになり，下の地図を見ながら道順を言うやりとりをしましょう.

次回までに CD を何度も聞いて以下の文を暗記してきましょう. 意味を確認し，書けるようにしておくこと. 次回の授業で小テストがあります.

1. Pardon, madame. Où est l'office du tourisme, s'il vous plaît ?

2. Allez tout droit. C'est sur votre droite.

3. Bonjour, monsieur. Est-ce qu'il y a une banque près d'ici ?

4. Prenez la troisième rue à gauche. C'est devant la gare.

5. Excusez-moi. Je cherche le musée du Louvre.

パリ

　　フランスの首都，パリ.「花の都」,「芸術の都」,「ファッションの都」などと呼ばれ，世界で最も美しい街のひとつです. 1958 年より京都市と，1982 年より東京都と，友好都市関係を結んでいます.

　　フランスの北部に位置し，面積 105,40km²（東京の山の手線内側より少し広い程度），人口約 216 万人（2022 年現在）のパリ市は，単独で県を構成する特別市であり，パリとその周辺の県とでイル・ド・フランス（Île-de-France）地域圏を構成しています.

　　パリは中心の 1 区からエスカルゴ（かたつむり）のように右回りの渦巻き状に 20 区までに分かれ，街の中央を東から西へと流れるセーヌ川の北側を右岸，南側を左岸と呼んでいます（裏表紙参照）.「右岸で金を使い，左岸で頭を使う」と言われているように，右岸は主に商業地，左岸はソルボンヌ大学などの教育機関が多く集まる地区となっています. 市内には地下鉄やバスの路線が網の目のように張り巡らされ，市民生活や観光客の非常に便利な足となっています. 2007 年よりヴェリブ（Vélib'）と呼ばれる貸し自転車制度も開始されました. また，市内にはフランス各地へ向かう 6 つのターミナル駅（サン・ラザール駅，北駅，東駅，リヨン駅，オーステルリッツ駅，モンパルナス駅）が，パリ郊外には 3 つの国際空港（シャルル・ド・ゴール空港，オルリー空港，パリ・ボーヴェ空港）があります.

　　パリは紀元前 3 世紀ごろ，パリシー族（パリの語源）が現在のシテ島（セーヌ川の小島）付近に住み着いたことから始まります. その後ローマ帝国の支配を受けたことから，今でもパリ市内にはローマ時代の遺跡が見られます. 現在のパリの街並みは，19 世紀のナポレオン 3 世の頃に造られました. 当時のセーヌ県知事オスマンによって道路や上下水道の整備，街の景観に配慮した建物の建設が行われ，パリは内外で都市建設の手本となったのです.

パリの風景 （3）

カフェ

レストラン

日本料理店

パン屋

ワイン屋

スーパーマーケット

魚屋

八百屋

Leçon 13　部分冠詞

Qu'est-ce que vous prenez au petit déjeuner ?

これまでに不定冠詞や定冠詞を学習しました．この課では数えないものに付く部分冠詞を使ってやりとりしましょう．

⑥④ **Exemples**

1. *A :* Qu'est-ce que vous mangez au petit
déjeuner ?

朝食に何を食べますか？

B : Je mange du pain avec du beurre et
de la confiture.

バターとジャムを塗ったパンを食べます．

2. *A :* Qu'est-ce que vous prenez au déjeuner ?

昼食に何をとりますか？

B : Je prends un sandwich et du café au lait.

サンドウィッチとカフェオレをとります．

3. *A :* Qu'est-ce que vous buvez au dîner ?

夕食に何を飲みますか？

B : Je bois du thé japonais.

日本茶を飲みます．

A : Vous ne buvez pas de bière ?

ビールは飲みませんか？

B : Non, je n'aime pas la bière.

いいえ，ビールは好きではありません．

Boîte à outils

Ⅰ. manger, boire

manger は er 動詞, **boire** は不規則動詞です.

⑥⑤　manger の活用（意味：　　　　　　　）

je	....	nous	mangeons
tu	....	vous	....
il	....	ils	....
elle	....	elles	....

boire の活用（意味：　　　　　　　）

je	bois	nous	buvons
tu	bois	vous	buvez
il	boit	ils	boivent
elle	boit	elles	boivent

それぞれの動詞の意味を調べ，manger を正しく活用させておきましょう.

Ⅱ. 部分冠詞

部分冠詞は「一つ」「二つ」と数えないもの（液体，気体，感情など）に付く冠詞です.

	男性名詞	女性名詞
子音字始まり	**du**	**de la**
母音字始まり	**de l'**	

適切な部分冠詞をつけましょう.

(　　) café	(　　) thé	(　　) eau	(　　) lait	(　　) jus
(　　) bière	(　　) vin	(　　) pain	(　　) beurre	(　　) confiture
(　　) miel	(　　) fromage	(　　) soupe	(　　) salade	(　　) riz
(　　) poisson	(　　) viande	(　　) bœuf	(　　) porc	(　　) poulet
(　　) jambon	(　　) sucre	(　　) sel	(　　) poivre	

数えるものとして扱われることの多いものです. 適切な不定冠詞をつけましょう.

(　　) sandwich	(　　) pizza	(　　) fruits	(　　) œuf	(　　) yaourt
(　　) nouilles	(　　) spaghettis			

Ecoutez et répétez

　例文の意味を確認し，繰り返し声に出して練習しましょう. Leçon 12 で見た prendre がここでも使われていますね. この課ではどういう意味で使われているか確認しておきましょう.

Exercices

1. 右欄の語を使って空欄を埋め，クロスワードを完成させましょう.

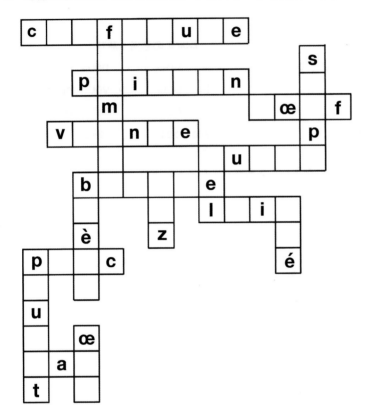

beurre
bière
bœuf
confiture
eau
fromage
lait
œuf
poisson
poulet
porc
riz
sel
soupe
sucre
thé
viande

2. できるだけ素早く書いてみましょう.

du fromage ....

de la viande ....

tu manges ....

vous buvez ....

je prends ....

3. 下線部に文字を入れて文を完成させ，繰り返し練習しましょう.

1. Qu'_____-____ que tu mang____ ____ petit déjeuner?

2. Je mang__ ____ pain avec ____ beurre et ____ fruits.

3. Qu'_____-____ que tu boi__ ____dîner? D__ vin?

4. Qu'_____-____ que tu prend__ , Marie?

5. Je p_____ _____ bière.

4. あなたが普段よく食べるもの，飲むものを書き出してください．正しく冠詞をつけましょう．

朝食：

昼食：

夕食：

café au lait	カフェオレ	jus de fruits	フルーツジュース
thé au lait	ミルクティー	jus d'orange	オレンジジュース
thé au citron	レモンティー	jus de pomme	リンゴジュース
thé japonais	日本茶	vin rouge	赤ワイン
thé chinois	中国茶	vin blanc	白ワイン
soupe aux légumes	野菜のスープ		
soupe de miso	味噌汁		

5. 例文を参考にして，周りの人に各食事時に食べるもの，飲むものを聞き，書き取りましょう．

朝食：

昼食：

夕食：

⑥⑥ **Devoirs**

次回までに CD を何度も聞いて以下の文を暗記してきましょう．意味を確認し，書けるようにしておくこと．次回の授業で小テストがあります．

1. Qu'est-ce que vous mangez au petit déjeuner?

2. Je mange du pain avec de la confiture.

3. Qu'est-ce que vous buvez au déjeuner?

4. Je bois du café au lait.

5. Qu'est-ce que tu prends au dîner?

6. Je prends de la salade et du fromage.

Leçon 14 　代名動詞

Vous vous levez à quelle heure ?

時刻表現を使って 1 日の生活を語りましょう.

⑥⑦ **Exemples**

1. *A :* **Quelle heure est-il ?**　　　　　何時ですか？

　　B : **Il est** 1 heure 10.　　　　　　1 時 10 分です.

2. *A :* **D'habitude, vous vous levez à quelle heure ?**　　普段、何時に起きますか？

　　B : **Je me lève** à 6 heures et quart. **Et vous ?**　　6 時 15 分に起きます. あなたは？

3. *A :* **Lundi, vous avez des cours ?**　　月曜日, 授業がありますか？

　　B : **Oui, j'ai** 3 **cours** de 9 heures à 2 heures et demie.　　はい, 9 時から 2 時半まで 3 つ授業があります.

　　A : **Vous partez à quelle heure ?**　　何時に家を出ますか？

　　B : **Je pars** vers 8 heures moins le quart.　　7 時 45 分ごろに出ます.

⑥⑧ **4.** *A :* **Samedi, vous allez à l'école ?**　　土曜日, 学校に行きますか？

　　B : **Non, je n'y vais pas. Je travaille dans une boulangerie.**　　いいえ, 行きません. パン屋で働いています.

　　A : **De quelle heure à quelle heure ?**　　何時から何時まで？

　　B : **De 10 heures à 5 heures.**　　10 時から 5 時までです.

Boîte à outils

Ⅰ. **時刻**

　Quelle heure est-il ?　　Il est 〜時 〜分
　　　〜時 : une heure, deux heures, trois heures, ... onze heures, midi（昼）/ minuit（夜）
　　　〜分 : 時間のあとに〜分にあたる数を置きます.　　1 : 10　Il est une heure dix.
　　　　30 分以降は〜時〜分前という言い方をします.　　1 : 40　Il est deux heures moins vingt.
　　　　15 分刻みで特別な表現があります.　　　　　　1 : 15　Il est une heure et quart.
　　　　　　　　　　　　　　　　　　　　　　　　　1 : 30　Il est une heure et demie.
　　　　　　　　　　　　　　　　　　　　　　　　　1 : 45　Il est deux heures moins le quart.

次の時刻をフランス語で言いましょう.
1) 3 : 25　　　2) 7 : 20　　　3) 9 : 50　　　4) 6 : 30　　　5) 2 : 05
6) 4 : 45　　　7) 8 : 35　　　8) 11 : 18　　　9) 8 : 16　　　10) 12 :15

Ⅱ. 代名動詞

se lever, se coucher など, se をともなう動詞を代名動詞と言います. se の部分も主語に合わせて変化します. Leçon 2 で学習した s'appeler も代名動詞の仲間です. 辞書は se の後ろの動詞で引きます.

⑥⑨

se lever の活用 （意味： ）		
je me lève	nous nous levons
tu te lèves	vous vous levez
il se lève	ils se lèvent
elle se lève	elles se lèvent

se coucher の活用（意味： ）		
je	nous ....
tu	vous ....
il	ils ....
elle	elles ....

それぞれの動詞の意味を調べ, se coucher を活用させてみましょう.

Ⅲ. 1日の行動

辞書で意味を調べましょう.

prendre le petit déjeuner (le déjeuner / le dîner)

partir　　　　　　　　　　　　　avoir un cours (des cours)

travailler　　　　　　　　　　　rentrer à la maison

aller au café (au restaurant / au cinéma)

regarder la télé　　　　　　　　prendre un bain

voir des amis　　　　　　　　　faire du sport

faire la cuisine (le ménage / les courses)

⑦⓪

partir の活用
je pars
tu pars
il part
elle part
nous partons
vous partez
ils partent
elles partent

voir の活用
je vois
tu vois
il voit
elle voit
nous voyons
vous voyez
ils voient
elles voient

faire の活用
je fais
tu fais
il fait
elle fait
nous faisons
vous faites
ils font
elles font

Ecoutez et répétez

例文の意味を確認し, 繰り返し声に出して練習しましょう.

Exercices

1. 右欄の語を使って空欄を埋め，クロスワードを完成させましょう.

boulangerie
cours
demie
dimanche
école
faire
heure
jeudi
lundi
mardi
mercredi
midi
minuit
partir
quart
restaurant
samedi
vendredi
voir

2. できるだけ素早く書いてみましょう.

quelle heure ....

il est minuit ....

et quart ....

je me lève ....

vous vous levez ....

3. 以下の文字を並べ替えてできあがる単語を素早く書きましょう.

u, r, e, h, e →

z, e, o, n →

i, m, d, i →

m, s, e, a, i, d →

s, o, m, n, i →

4. 下線部に文字を入れて文を完成させ，繰り返し練習しましょう.

1. Que_____ heu____ est-___?

2. Il _____ un__ heu____ et de_____ .

3. Tu ___ lève__ _ que____ heu____?

4. Je ____ lèv__ _ hui__ heu_____ moin__ dix.

5. Je travaill__ dans un café ___ cinq heu_____ _ neuf heu____.

5. 例文 2 を参考にして，周りの人と起きる時間，寝る時間を言いましょう.

6. 例文 3, 4 を参考にして，周りの人と普段することを言いましょう. 上で見た表現以外にも，今 までに学習した表現を使ってやりとりしてください. 動詞は正しく活用させましょう.

7. 周りの人とお互いの家族の一日の生活を聞きあってみましょう.

8. 2 人以上のグループになり，これまでに学習した内容を組みあわせて，自由にやりとりを作って みましょう. 作文ができたら文字を見なくてもやりとりできるまで何度も繰り返し練習しましょう.

⑦ **Supplément**   61 ～ 1000

61 soixante-et-un   **62** soixante-deux   **63** soixante-trois **64** soixante-quatre ... **70** soixante-dix

71 soixante-et-onze **72** soixante-douze **73** soixante-treize ...   **80** quatre-vingts

81 quatre-vingt-un   **82** quatre-vingt-deux ...   **90** quatre-vingt-dix

91 quatre-vingt-onze ...   **100** cent ...   **1000** mille

⑦ **Devoirs**

次回までに CD を何度も聞いて以下の文を暗記してきましょう. 意味を確認し，書けるようにし ておくこと. 次回の授業で小テストがあります.

1. Quelle heure est-il? ―Il est minuit et quart.

2. Vous vous levez à quelle heure? ―Je me lève à sept heures et demie.

3. Mardi, tu as des cours? ―Non, je n'ai pas de cours. Je reste à la maison.

4. Je regarde la télé de six heures à onze heures.

5. D'habitude, vous partez à quelle heure? ―Je pars à huit heures moins le quart.

6. Je travaille dans une boulangerie de six heures à midi.

Leçon 15　複合過去形（1）

Qu'est-ce que vous avez fait hier ?

複合過去形を使って過去の出来事や経験を語ってみましょう.

⑦ **Exemples**

1. *A :* Qu'est-ce que vous avez fait hier ?　　　昨日何をしましたか？

    B : J'ai travaillé dans une boulangerie.　　　パン屋で働きました.

2. *A :* Vous êtes restée à la maison le week-end 　先週末，家にいましたか？
       dernier ?

    B : Oui, je suis restée à la maison. Et vous ?　　はい，いました. あなたは？

3. *A :* Ce matin, vous vous êtes levé à quelle 　今朝何時に起きましたか？
       heure ?

    B : Je me suis levé à 7 heures et demie.　　　7 時半に起きました.

⑦ **4.** *A :* Vous avez habité à Tokyo ?　　　　　　東京に住んだことがありますか？

    B : Non, mais j'ai habité à Sapporo.　　　　いいえ，でも札幌に住んだことがあります.

5. *A :* Vous êtes allé en France ?　　　　　　　フランスに行ったことがありますか？

    B : Oui, je suis allé en France l'année dernière.　はい，去年行きました.

6. *A :* Vous êtes née en quelle année ?　　　　あなたは何年生まれですか？

    B : Je suis née en 1990.　　　　　　　　　　1990 年生まれです.

Ⅰ．複合過去形（1）

　　過去の出来事や経験を語るには複合過去形を使います．複合過去の形には2種類あります．
avoir を使うのか être を使うのかは動詞によって決まっています．

複合過去の形
avoir の活用形
または　　　　　＋ 過去分詞
être の活用形

過去分詞の作り方
① er 動詞：−er　→　−é
② 不規則動詞：過去分詞も不規則

　　次の動詞の過去分詞を書きましょう．不規則動詞の過去分詞は辞書で調べてください．どの
ように調べれば良いでしょうか．

habiter	chanter	manger
travailler	regarder	boire
prendre	faire	voir

ほとんどすべての動詞の複合過去形には avoir を使います．

㊙

次の動詞を複合過去形に活用させてみましょう．

travailler	prendre	faire
....	....	....
....	....	....
....	....	....
....	....	....
....	....	....
....	....	....
....	....	....

Ⅱ．複合過去形（2）

　　一部の動詞は複合過去形に être を使います．être を使う場合には，過去分詞を主語と性・数一
致させなければなりません．女性形にするには e を複数形にするには s をつけます．

être を使って複合過去形を作る動詞の代表です．過去分詞を書いておきましょう．

aller	venir	partir	arriver
rentrer	rester	naître	

aller の活用にならって，複合過去に活用させましょう．性・数一致に気をつけてください．

⑦⑥

	aller		partir	rester
je	suis	allé(e)	....	....
tu	es	allé(e)	....	....
il	est	allé	....	....
elle	est	allée	....	....
nous	sommes	allé(e)s	....	....
vous	êtes	allé(e)(s)	....	....
ils	sont	allés	....	....
elles	sont	allées	....	....

動詞によって avoir を使うのか être を使うのかわからないときには辞書で調べることができます．実際に辞書を引いて調べ方を確認しておきましょう．

Ⅲ．複合過去形（3）

すべての代名動詞は複合過去形に être を使います．過去分詞は se の後ろの動詞から作ります．être の位置と過去分詞の性・数一致に気をつけましょう．

se lever にならって，se coucher を複合過去に活用させましょう．

⑦⑦

	se lever		se coucher
je	me suis	levé(e)	....
tu	t'es	levé(e)	....
il	s'est	levé	....
elle	s'est	levée	....
nous	nous sommes	levé(e)s	....
vous	vous êtes	levé(e)(s)	....
ils	se sont	levés	....
elles	se sont	levées	....

Ⅳ．過去の時の表現

辞書で意味を調べましょう．

hier	lundi		ce matin
avant-hier	mardi		hier matin
le week-end dernier	mercredi		hier soir
la semaine dernière	jeudi	dernier	
l'année dernière	vendredi		
	samedi		
	dimanche		

例文の意味を確認し，繰り返し声に出して練習しましょう．話し手の性も確認しましょう．

Exercices

1. 右欄の語を使って空欄を埋め，クロスワードを完成させましょう．

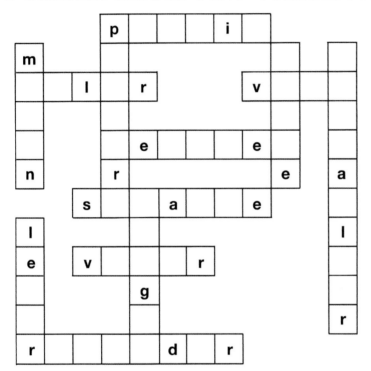

```
aller
boire
dernier
lever
manger
matin
partir
prendre
regarder
semaine
travailler
venir
voir
```

2. できるだけ素早く書いてみましょう.

j'ai travaillé ....

je suis resté ....

vous êtes allée ....

hier ....

la semaine dernière ....

3. 下線部に文字を入れて文を完成させ，繰り返し練習しましょう．

1. Qu'_____-ce _____ tu ___ fa___ hie__ ?

2. J'____ regard__ la télévision.

3. Elle _____ rest___ à la maison avan__ -hie__ ?

4. La semai___ derni_____ , je _____ all__ à Kyoto.

5. Vous v_____ ê_____ lev__ à quel___ heure ? — Je ___ s_____ lev__ ___ neuf heures.

4. 昨日，先週末にしたことを最低３つずつ書きましょう．

Hier,

Le week-end dernier,

5. 例文１，２を参考にして，周りの人と昨日または先週末にしたことを話しましょう．

6. 例文３を参考にして，周りの人と起きた時間，寝た時間を話しましょう（今日，昨日，週末など）．

7. 例文４，５を参考にして，周りの人と住んだことのある町，行ったことのある国を話しましょう．

8. 例文６を参考にして，周りの人の生まれた年を聞きましょう．

⑦⑧ **Devoirs**

　　次回までに CD を何度も聞いて以下の文を暗記してきましょう．意味を確認し，書けるようにしておくこと．次回の授業で小テストがあります．

1. Qu'est-ce que vous avez fait hier ? —J'ai travaillé dans un café.

2. Vous êtes resté à la maison hier soir ? —Oui, je suis resté à la maison.

3. Vous vous êtes levée à quelle heure ce matin ? —Je me suis levée à cinq heures.

4. Tu as habité en France ? —Oui, j'ai habité à Paris.

5. Tu es allé aux États-Unis ? —Non, mais je suis allé au Canada l'année dernière.

Leçon 16　複合過去形（2）

Je ne suis pas allé à l'école hier.

複合過去の否定形を学習しましょう．

⑲ **Exemples**

1. *A :* Hier, vous êtes allé à l'école ?　　　　　　昨日，学校に行きましたか？

　　B : Non, je ne suis pas allé à l'école.　　　　いいえ，行ってません．

2. *A :* Ce matin, vous avez pris le petit déjeuner ?　今朝，朝ごはんを食べましたか？

　　B : Non, je n'ai pas pris le petit déjeuner.　　いいえ，食べてません．

3. *A :* Vous êtes déjà allée en France ?　　　　フランスに行ったことがありますか？

　　B : Non, je ne suis jamais allée en France.　いいえ，一度も行ったことがありません．

4. *A :* Vous avez habité à Tokyo ?　　　　　　東京に住んだことがありますか？

　　B : Non, je n'ai pas habité à Tokyo.　　　いいえ，ありません．

5. *A :* Elle est déjà rentrée ?　　　　　　　　彼女はもう戻った？

　　B : Non, elle n'est pas encore rentrée.　　まだ戻ってないよ．

Boîte à outils

Ⅰ. 複合過去の否定形

複合過去を否定形にするには，avoir または être の部分のみを ne (n'), pas ではさみます．過去分詞は pas の後ろに置きます．

⑧

次の動詞を複合過去の否定形に活用させてみましょう．

faire	prendre	aller

代名動詞の複合過去の否定形は，se être の部分全体を ne と pas ではさみます．過去分詞はやはり pas の後ろに置かれます．

⑧

se lever の複合過去の否定形の活用を完成させましょう．se coucher の否定形の活用も書いてください．

se lever

je ne me suis pas levé(e)	nous ....
tu	vous ....
il	ils ....
elle	elles ....

se coucher

....	....
....	....
....	....
....	....

Ⅱ. ne 〜 jamais, ne 〜 pas encore

否定表現の一つです．pas の代わりに jamais を使って「決して〜ない」「一度も〜ない」を，pas encore を使って「まだ〜ない」を表します．

例文の意味を確認し，繰り返し声に出して練習しましょう.

Exercices

1. 右欄の語を使って空欄を埋め，クロスワードを完成させましょう.

avant
bu
coucher
déjeuner
dernier
école
fait
hier
jamais
matin
petit
pris
semaine
soir
venu
vu

2. できるだけ素早く書いてみましょう.

elle n'est pas rentrée ....

ils ne se sont pas levés ....

vous n'avez pas fait ....

je ne suis jamais allé ....

je n'ai pas encore pris ....

3. 以下の文字を並べ替えてできあがる単語を素早く書きましょう.

a, i, s, j, a, m →

n, i, m, t, a →

l, c, e, é, o →

n, r, e, p, e, r, d →

r, f, i, a, e →

e, l, r, v, e →

4. 下線部に文字を入れて文を完成させ，繰り返し練習しましょう．

1. Tu ___ all__ à l'éco___ hi___ ?

2. Je ne s_____ p____ all__ à l'éco___.

3. Je n'___ ja_____ b__ de vin.

4. Elle n'____ ___en_____ rentr__ à la mai_____.

5. Il n'__ p___ pr___ le dîner hier so___.

5. 例文1，2を参考にして，周りの人と昨日，先週末にしたこと，しなかったことを話しましょう．

6. 例文3，4を参考にして，周りの人と住んだことのある・ない町，行ったことのある・ない国を話しましょう．

7. 2人以上のグループになり，これまでに学習した内容を組みあわせて，自由にやりとりを作ってみましょう．作文ができたら文字を見なくてもやりとりできるまで何度も繰り返し練習しましょう．

⑧②【Devoirs】

次回までにCDを何度も聞いて以下の文を暗記してきましょう．意味を確認し，書けるようにしておくこと．次回の授業で小テストがあります．

1. Hier, tu es allé à la boulangerie ? — Non, je ne suis pas allé à la boulangerie.

2. Je n'ai jamais vu les films de Takeshi Kitano.

3. Elle est déjà rentrée à la maison ? — Non, elle n'est pas encore rentrée.

4. Hier soir, tu t'es couché à une heure ?
   — Non, je ne me suis pas couché à une heure. Je me suis couché à trois heures !

5. Vous êtes déjà allés en Allemagne ?
   — Non, nous ne sommes jamais allés en Allemagne.

Leçon 17　半過去形

Avant, j'habitais à Nara.

> 過去の状況や継続状態を表す半過去形を使ってやりとりしましょう.

⑧③ **Exemples**

1. *A :* Avant, vous habitiez où ？　　　　　以前どこに住んでいましたか？

　　 B : J'habitais à Nara.　　　　　　　　　奈良に住んでいました.

　　 A : Et maintenant ?　　　　　　　　　　今は？

　　 B : J'habite à Hiroshima.　　　　　　　広島に住んでいます.

2. *A :* Hier, à 10 heures, qu'est-ce que vous　昨日の 10 時には何をしていましたか？
　　　　 faisiez ?

　　 B : Je regardais la télé. Et vous ?　　　テレビを見ていました. あなたは？

3. *A :* Quel temps fait-il aujourd'hui ?　　　今日はどんな天気ですか？

　　 B : Il fait beau. Mais hier, il faisait mauvais.　いい天気ですよ. でも昨日は天気が悪かっ
　　　　　　　　　　　　　　　　　　　　　　　たですね.

⑧④ **4.** *A :* Votre anniversaire, c'est quand ?　　あなたの誕生日はいつですか？

　　 B : C'est le premier janvier.　　　　　　1 月 1 日です.

5. *A :* Hier, c'était le combien ?　　　　　昨日は何日でしたか？

　　 B : C'était le 28 novembre.　　　　　　11 月 28 日でした.

6. *A :* Hier, c'était quel jour ?　　　　　　昨日は何曜日でしたか？

　　 B : C'était lundi.　　　　　　　　　　　月曜日でした.

Boîte à outils

Ⅰ. 半過去形
　過去の状況や継続状態を表すのが半過去です. 複合過去形と違って動詞自体が半過去形に活用します. 半過去形の活用語尾は全動詞共通です.

			半過去の形		
			je (j') － ais	nous － ions	
各動詞の現在形 nous の活用から語尾の ons を取り除いた部分	＋		tu － ais	vous － iez	
			il － ait	ils － aient	
			elle － ait	elles － aient	

次の動詞を半過去形に活用させてみましょう.

ⓐ
regarder	faire	prendre
....	....	....
....	....	....
....	....	....
....	....	....
....	....	....
....	....	....

ⓑ
avoir	être
....	j'*étais
....	....
....	....
....	....
....	....
....	....

* être だけは半過去専用の
語幹（ét ―）を持ってい
ます.

Ⅱ．天候

それぞれどんな天気を表しているか，辞書で調べましょう.

Quel temps fait-il ?

Il fait	beau	Il pleut (beaucoup / un peu)
	mauvais	Il neige (beaucoup / un peu)
	chaud	
	froid	Il y a du vent
	doux	
	frais	
	humide	

周りの人に各季節の各地の天気を聞きましょう.

| Au printemps / En été, | à Tokyo, | quel temps fait-il ? |
| En automne / En hiver, | à Okinawa, *etc.* | |

Ⅲ．12 ヶ月

janvier	février	mars	avril	mai	juin
juillet	août	septembre	octobre	novembre	décembre

Ⅳ. 日付

日付は，定冠詞 le をつけて le ＿日＿ ＿月＿ の語順で表します．1日のみ序数 premier を使います．

次の日付をフランス語で言ってみましょう．

1) 3月3日　　　　2) 8月21日　　　　3) 1月15日　　　　4) 11月30日
5) 6月1日　　　　6) 2月4日　　　　　7) 7月14日　　　　8)　5月31日

Ecoutez et répétez

例文の意味を確認し，繰り返し声に出して練習しましょう．

Exercices

1. 右欄の語を使って空欄を埋め，クロスワードを完成させましょう．

| anniversaire |
| avant |
| beau |
| combien |
| heure |
| janvier |
| jour |
| lundi |
| maintenant |
| novembre |
| premier |

2. できるだけ素早く書いてみましょう．

vous habitiez ....

vous faisiez ....

quel temps ....

il faisait ....

c'était ....

3. 以下の文字を並べ替えてできあがる単語を素早く書きましょう.

l, t, j, i, e, u, l →

n, j, i, u →

e, e, m, é, r, d, c, b →

n, u, a, e, t, m, o →

s, t, p, i, r, m, e, p, n →

4. 下線部に文字を入れて文を完成させ, 繰り返し練習しましょう.

1. Avan__ vous habi____ où？ —J'habi___ _ Paris.

2. Hie_ soir, à 7 he____ qu'___ -ce q__ vous fais___？ —Je regard___ la télévi____.

3. Qu___ tem__ fa___ -il aujourd'___？ —Il f____ ma_____.

4. Vo___ anniversaire, c'___ qua____？ —C'____ le premi___ octo_____.

5. Hi___ , c'ét____ qu__ j____？ —C'ét____ mer_____.

5. 例文1を参考にして, 周りの人と以前住んでいたところ, 今住んでいるところを話しましょう. 十分練習ができたら, 今度は aimer を使って, 以前好きだったもの（こと・人）, 今好きなもの （こと・人）を話しましょう.

Avant, qu'est-ce que vous _____？ J'_____ 〜.

6. 例文2を参考にして, 周りの人と過去のある時間に何をしていたか話しましょう（過去の時の 表現は Leçon 15）.

7. 例文3を参考にして, 周りの人と今日の天気, 過去のある日の天気を話しましょう.

8. 例文4を参考にして, 周りの人の誕生日を聞きましょう.

9. 例文5, 6を参考にして, 周りの人に今日や過去のある日の日付, 曜日を聞きましょう.

10. 2人以上のグループになり, これまでに学習した内容を組みあわせて, 自由にやりとりを作って みましょう. 作文ができたら文字を見なくてもやりとりできるまで何度も繰り返し練習しましょう.

⑧⑦ **Devoirs**

次回までに CD を何度も聞いて以下の文を暗記してきましょう. 意味を確認し, 書けるようにし ておくこと. 次回の授業で小テストがあります.

1. Avant tu habitais où？ —J'habitais à Lyon. Et toi？

2. Hier matin, à 8 heures, qu'est-ce que vous faisiez？ —Je prenais une douche.

3. En été, quel temps fait-il à Kyoto？ —Il fait chaud et humide.

4. Hier, c'était le combien？ —C'était le premier mai.

5. Aujourd'hui, c'est quel jour？ —C'est jeudi.

Leçon 18　代名詞 on，複合過去と半過去

Vous avez choisi ?

複合過去形や半過去形を使ってやりとりしましょう.

⑧⑧ **Exemples**

1. *A :* Qu'est-ce que vous avez fait hier ? 　　昨日何をしましたか？

   B : Je suis allée au restaurant japonais avec 　友達と和食レストランに行きました.
   des amis.

   A : Qu'est-ce que vous avez mangé ? 　　何を食べましたか？

   B : On a mangé des sushis. C'était très bon ! 　私たちは寿司を食べました. とてもおいし
   Et vous ? Qu'est-ce que vous avez fait ? 　かったです. あなたは？ 何をしましたか？

   A : Moi, comme il faisait mauvais, je suis 　天気が悪かったので家にいました. DVD
   resté à la maison. J'ai regardé un DVD. 　を見ました. 悪くなかったですね.
   Ce n'était pas mal.

⑧⑨ 2. *A :* Vous avez choisi ? 　　お決めになられました？

   B : Oui, je prends le menu à 18 euros. 　　はい，18ユーロの定食をお願いします.

   A : Qu'est-ce que vous prenez comme entrée ? 　オードブルは何になさいますか？

   B : Une salade verte, s'il vous plaît. 　　グリーンサラダをお願いします.

   A : Comme plat ? 　　メインは？

   B : Un poulet rôti. 　　ローストチキンで.

   A : Et qu'est-ce que vous prenez comme 　　飲み物は何になさいますか？
   boisson ?

   B : De l'eau minérale, s'il vous plaît. 　　ミネラル・ウォーターをお願いします.

   A : Bien, madame. 　　わかりました.

   ・・・・・ 　　・・・・・・

⑨⓪ *A :* Vous avez terminé ? 　　お済みになられましたか？

   B : Oui. C'était délicieux. 　　はい，とってもおいしかったです.

   A : Vous prenez un dessert ? 　　デザートはどうされますか？

   B : Oui, une tarte aux pommes, s'il vous plaît. 　はい，リンゴのタルトをお願いします.

   A : Et un café ? 　　コーヒーは？

   B : Non, je ne prends pas de café. 　　コーヒーは結構です.

   ・・・・・ 　　・・・・・・

   B : L'addition, s'il vous plaît. 　　お勘定をお願いします.

   A : Oui, tout de suite. 　　わかりました，すぐお持ちします.

Boîte à outils

Ⅰ．評価

C'est 〜, C'était 〜 でいろいろな物や事柄に対する評価を表すことができます.

> 辞書で意味を調べましょう.
>
> | | | |
> |---|---|---|
> | agréable | amusant | intéressant |
> | sympathique | facile | difficile |
> | fatigant | ennuyeux | beau |
> | pratique | (très) bon | (très) mauvais |
> | délicieux | excellent | mal |
> | cher | | |

Ⅱ．主語代名詞 on

主語代名詞のひとつです.「人々」や「私たち」の意味で用いられますが, 動詞は il, elle と同じ形で活用させます.

Ⅲ．飲食店で用いられる表現

> 例文を見て, 次の意味の表現を抜き出しましょう.
>
> 定食（セットメニュー） ：
> オードブル ：
> メイン料理 ：
> 飲み物 ：
> デザート ：
>
> お決まりですか？ ：
> 〜は何になさいますか？ ：
> お済みですか？ ：
> 〜を召し上がりますか？ ：
>
> 〜をください. ：
> とてもおいしかったです. ：
> お勘定お願いします. ：

Ecoutez et répétez

例文の意味を確認し, 繰り返し声に出して練習しましょう.

Exercices

1. 右欄の語を使って空欄を埋め，クロスワードを完成させましょう.

addition
boisson
cher
comme
délicieux
difficile
ennuyeux
entrée
facile
plat
sympathique

2. できるだけ素早く書いてみましょう.

vous avez fait ....

je suis allé ....

on a mangé ....

vous avez choisi ....

comme entrée ....

tout de suite ....

3. 下線部に文字を入れて文を完成させ，繰り返し練習しましょう.

1. Qu'_____-ce ___ tu __ f_____hier? — Je s____ all__ ___ restaurant fran_____.
2. Qu'_____-ce ___ vous a____ man____? — On __ man__ une salade ve____ et un pou_____ rôti. C'ét____ déli_____.
3. Hier, com____ il fais____ mauv_____ , je s_____ res____ à la maison.
4. Qu'_____-ce ___ vous pre____ com____ bois____? — Je pren__ un vin rou____ , s'il vous pl____ .
5. Vous a ___ termi__? — Oui, c'ét____ tr____b_____. L'addi____, s'il vous pl____.

4. 例文1を参考にして，周りの人と昨日や週末にしたことと，その感想を話しましょう.

5. 例文2,3を参考にして，下のメニューを見ながら周りの人と飲食店でのやりとりをしてみましょう.

> **Menu à 15 euros**
>
> Œufs mayonnaise
> Salade verte
> Saumon fumé
> Pâté de campagne
> ----------
> Sole meunière
> Hommard grillé
> Poulet rôti
> Steak-frites
> ----------
> Glace à la vanille
> Crème brûlée
> Tarte aux pommes
> Gâteau au chocolat

6. 2人以上のグループになり，これまでに学習した内容を組みあわせて，自由にやりとりを作ってみましょう. 作文ができたら文字を見なくてもやりとりできるまで何度も繰り返し練習しましょう.

⑨¹ **Devoirs**

次回までに CD を何度も聞いて以下の文を暗記してきましょう. 意味を確認し，書けるようにしておくこと. 次回の授業で小テストがあります.

1. Qu'est-ce que vous avez fait hier ? —Je suis allé au cinéma avec mes amis.

2. Comme il faisait beau, on a fait du tennis.

3. Qu'est-ce que tu prends comme plat, Anne ? —Je prends un steak-frites. Et toi ?

4. Vous avez terminé ? —Oui, c'était délicieux.

5. L'addition, s'il vous plaît. —Oui, tout de suite.

Ça va?
サヴァ?

著者

©

<ruby>伊勢<rt>いせ</rt></ruby> <ruby>晃<rt>あきら</rt></ruby>　<ruby>谷口<rt>たにぐち</rt></ruby> <ruby>千賀子<rt>ちかこ</rt></ruby>

著者承認検印廃止

2008 年 3 月 10 日 初版発行
2022 年 3 月 10 日 2版発行

定価本体　2400 円（税別）

発行者　山 崎 雅 昭
印刷所　音 羽 印 刷 株 式 会 社
製本所　株式会社 壺屋製本所

発行所 早美出版社

東京都青梅市日向和田2-379
郵便番号　198-0046
TEL. 0428 (27) 0995　FAX. 0428 (27) 3870
振替　東京　00160-3-100140

ISBN978-4-86042-096-3
http://www.sobi-shuppansha.com